KAWADE
夢文庫

戦国武将の現場感覚

西股総生

河出書房新社

まえがき――当時のリアルな感覚で出来事をとらえ直す

自他ともに認めるアナログ人間で、ふだんの生活ではネットもメールもほとんど使わない。この原稿は、さすがにパソコンで打っているが、書き上がったらディスクに落として編集部に郵送する。今どき、こんなアナログな著者に付き合わされる編集さんも大変だろうと、いつも思う。

ただ、その一方で、ふだんネットやメールで仕事をしている人たちと、アナログ仕様の自分との間に、どのようなギャップがあるのかを、興味深く感じているのも、また事実なのである。

デジタルな環境で仕事をしていれば、情報やデータは瞬時に相手に届く。なので現代人は、そのことを前提として、仕事の段取りやスケジュールを組み立てる。情報やデータが先方に届くまでのタイムラグを常に意識している、アナログな僕とは、どうやら感覚が違うらしい。

スマホやネットはおろか、電話も無線も郵便すらなかった戦国時代、こちらの意思や情報を誰かに伝えるには、大きなタイムラグが付きまとった。タイムラグは、距離はもちろん天候によっても変わってくる。雨で川が渡れなかったり、土砂崩れで道が通れなかったりするからだ。

相手が戦地にいるのなら、行軍や陣替えで移動しているかもしれない。何々城の守備についている武将に手紙を届けようと思っていってみたら、城兵は出撃してしまって城はもぬけの殻《から》。届け先の武将は、どこへいったの？　などということも珍しくなかっただろう。

そんな相手を、天候に左右されながらつかまえるとなると、使者の機転や判断によっても伝達速度は変わってくる。タイムラグは、大きいだけでなく常に不確定だったのだ。

戦場では敵はもちろん、味方すらどこで何をしているかわからないのが当たり前。目にみえる情景、耳に入ってくる音、鼻でかぐにおい、頰《ほお》にあたる風、それに第六感をたよりに、不確定で大きな情報伝達のタイムラグを前提として、生死にかかわる判断を下さなければならない。そんな時代を必死に生きていた、武将たちのリアリティについて考えてみたのが、この本だ。

＊　＊　＊

この本は、戦国時代に詳しいわけではないけれど、歴史にはちょっと興味がある、というような人のための「読みもの」として書いている。大河ドラマはみるけれど、ふだんから歴史書を読むわけではない、みたいな人に、通勤の電車や、出張・旅行の新幹線の中、お昼休みやちょっとした空き時間なんかで、うんうんなるほど、と気軽に楽しんでほしい。なので、史料をいちいち引用せず、専門用語もできるだけ使わないようにして、現代的な言い方に置き換えて通じるように心がけた。

全体は四つの章に分かれていて、各章は一〇前後の項目からなっている。なので、目次をみて面白そうなテーマ、気になるテーマを拾って読んでいただいてもかまわないのだが、できれば順に読み進めた方が、理解がしやすいだろう。同じ説明を何度も繰り返すのはダルいので、この件は「〇章の〇〇の項に書いたとおりで」、みたいに話を進めることが多いからだ。

そうそう、一つだけ断っておくと、この本では「戦国武将」と「戦国大名」を使い分けている。「戦国大名」とは、広い領地と大勢の家臣団を抱えていて、自立的に領国を治めている勢力を指す。そうした大名ばかりでなく、一族や家臣、さらには大名の周辺にいる小さな半独立的領主まで、およそ兵たちの上に立つ者たちを「戦国武将」と呼び分けることにしている。

さて、前置きはこのくらいにして、そろそろ本題に入ろう。戦国武将たちのリアリティを身近に感じてもらうために、まず、あなたと彼らの意識をシンクロさせるところから、スタートしてみようか。

西股総生

戦国武将の現場感覚　目次

1章 武将の生きざまのリアル

2章 合戦と武器のリアル

3章　天下統一をめぐるリアル

4章　築城と攻城のリアル

◉カバー装画／アフロ

1章

武将の生きざまのリアル

武将たちは、どんな価値観、
常識感覚で生きていたのか?
現代のものさしで測ると見誤る
行動・振舞いの真意を読みとく。

あなたが戦国武将だとしたら?——

●戦国のタメを探す

今、この本を読んでいるあなたは、おいくつくらいなのだろう? 書いている僕は昭和三六年、つまり一九六一年生まれだから、この原稿を執筆している時点では、ちょうど六〇歳だ。

戦国武将を身近に感じるために、四〇〇年遡《さかのぼ》って当てはめてみよう。一九六一から四〇〇を引くと一五六一年で、僕は永禄《えいろく》四年の生まれということになる。永禄四(一五六一)年がどんな年か、イメージできますか?

この年、関東では雪解けとともに越後《えちご》の長尾景虎《ながおかげとら》が大軍を率いて来襲し、北条《ほうじょう》氏康《うじやす》・氏政《うじまさ》父子の籠《こ》もる小田原城を囲んだ。結局、小田原城は落とせなかったものの、景虎は鎌倉で関東管領《かんれい》の襲名《しゅうめい》披露《ひろう》をおこない、名を上杉政虎《まさとら》と改めた。彼はのちに、政虎から輝虎《てるとら》へと名を変え、出家して謙信《けんしん》と号することになる。

その上杉政虎（要するに上杉謙信）は、この年の秋には信濃《しなの》に出陣して、武田信玄と川中島《かななかじま》で激闘を交えている。上杉謙信と武田信玄とは、川中島で計五回対陣しているが、この永禄四年の第四回がもっとも激戦で、ふつう「川中島の合戦」といったら、この時の戦いを指すことが多い。

もう少し西に目を転じると、この年、尾張《おわり》の織田信長と三河《みかわ》の松平元康《まつだいらもとやす》が同盟を結んでいる。松平元康は、のちの徳川家康だ。なぜこの年に二人が同盟したかというと、前年の永禄三年に、信長が桶狭間《おけはざま》の合戦で今川義元《いまがわよしもと》を討ち取ったからだ。それまで今川の勢力下にあった元康（家康）は、今川の力が後退した隙を突いて独立を果たすため信長と手を組んだ、というわけだ。

どうやら僕の生まれた永禄四年は、戦国乱世もたけなわだったようだ。調べてみると、永禄四年生まれの同年《タメ》としては福島正則《まさのり》がおり、加藤清正《きよまさ》は一つ下。石田三成《みつなり》と直江兼続《なおえかねつぐ》は、一つ上になる。ザックリくれば、同年代である。

●来し方をふり返る

さて、永禄四年生まれの僕が、市松《いちまつ》（福島正則）や虎之助《とらのすけ》（加藤清正）と同じように、織田家中の誰かに仕えたとしよう。僕は、血気盛んな二一歳で本能寺の変に遭遇し（天正《てんしょう》一〇年／一五八二）、二九歳で豊臣秀吉の小田原攻めに参加する（同一八年／一五九〇）。

関ヶ原の合戦（慶長《けいちょう》五年／一六〇〇）の時は、少し分別もついた三九歳だから、うまく立ち回って徳川の世に身を置くことができた。大坂夏の陣で豊臣家が滅んだ慶長二〇（一六一五）年には五四歳だから、もう息子に家督を譲って隠居の身だ。でも、戦に不慣れな息子の様子がもどかしくて、歯がゆくて、なんとなれば自分だってまだ鑓働《やりばたら》きの一つもできようぞ、などと思いながら眺めていたものだ。

そんな自分も去年、つまり元和《げんな》七（一六二一）年には暦が一巡りして、さすがに無理がきかない体になってきた。同年輩の者たちも、佐吉《さきち》（石田三成）は関ヶ原であああなってしまったし、虎之助（加藤清正）は肥後《ひご》の大大名になったが、一〇年ほど前に他界してしまった。だいたい、あいつは酒を飲み過ぎだ。

せっかく安芸《あき》の大名になった市松（福島正則）も先年、徳川にたてついて領地を没収されてしまった。今は信濃に捨て扶持《ぶち》をもらって、細々暮らしているらしいが、無茶をする性分はあいかわらずだ。家康も何年か前に死んだが、もう徳川の世も盤石《ばんじゃく》のようだから、不用意な言動は慎むよう、息子には口をすっぱくしていっている……。とまあ、こんな感じで永禄四年生まれの僕は、隠居暮らしをしていることだろう。

●ジェネレーションギャップ

かくいう僕は、絵に描いたようなアナログ人間で、平成生まれのデジタルネイティブ世代とはジェネレーションギャップを感じてしまうが、平成元（一九八九）年は天正一七（一五八九）年だから、小田原攻めの前年に当たる。

つまり、平成生まれの若者は、戦国時代なら天下統一以降に生まれた世代になるわけだ。今どきの若者が僕らを「昭和人」と呼ぶように、当時の彼らは僕らのことを「これだから永禄生まれは……」などといっていたのかもしれない。

こんなふうに、皆さんも歴史年表をみながら、自分を戦国時代に置き換えて、同世代の武将など探してみてはいかがだろう。ちょっとしたお遊びではあるけれど、戦国という時代を生きた人々のジェネレーションがリアリティを持って実感できる、という意味で、知的な遊びではある。

もし、あなたが平成生まれの若者で、活躍の機会がなくて寂しいと思ったら、もう一〇〇年余計に遡って、戦国初期に生まれてみるのも面白い。平成九（一九九七）年の生まれなら、明応六年生まれの毛利元就《もうりもとなり》とタメ、というわけである。

下剋上で一発逆転は可能か?

唐突な質問で(しかも少し恥ずかしい質問で)恐縮だけれど、あなたは、愛はお金で買えると思いますか?

僕は、買えると思う。もし僕の書く本が端からベストセラーになって、この本も一〇〇万部くらい売れて、大金を得ることができたら、僕はステキな女性を取っ換え引っ換えはべらかして、楽しい思いができるだろう。もちろん、家内はそんな僕に愛想を尽かして離婚を切り出すだろうが、かまうものか。

●濡れ衣をはらす

主君を倒して自らが一気に権力を握る下剋上《げこくじょう》は、戦国乱世を体現する生き様としてイメージされがちだ。しかし、よくよく調べてみると、下剋上の典型的な成功例はさほど多くはないことがわかる。

小田原駅前に立つ北条早雲像。とてもカッコイイが、最近では伊勢宗瑞の呼び方が一般化している（著者撮影）

逆に、なんとなく下剋上のように誤解されている武将も、少なくない。たとえば、戦国最初期の武将である太田道灌《どうかん》や伊勢宗瑞《いせそうずい》（北条早雲《そううん》）は、しばしば下剋上の元祖のようにいわれるようだが、ちょっと違う。

太田道灌は、戦国の初期に相模《さがみ》を支配していた扇谷定正《おうぎがやつさだまさ》に仕えていた。彼は天才肌の武将で、主君の定正が無視できないほどの勢力を築いたし、貪欲《どんよく》な野心家でもあったが、主君を弑逆《しいぎゃく》したわけでも傀儡《かいらい》化したわけでもない。それどころか定正に警戒されて、逆に粛清《しゅくせい》されている。

伊勢宗瑞は、これまで「北条早雲」の名で呼ばれてきた人だが、「早雲」は庵号《あんごう》だし、彼の家が「北条」を名乗るのは息子の氏綱《うじつな》の代からだ。最近では、歴史ファンの間でも「伊勢宗瑞」とか「伊勢新九郎」と呼ぶのが常識になってきている。いつまでも「北条早雲」なんていっていると、若い歴史ファンから「昭和のオジサン」呼ばわりされてしまうので、気をつけよう。

宗瑞は、室町幕府の高級官僚一族に生まれたものの、応仁の乱で荒廃した京を離れ、姉が今川家に嫁《とつ》いでいた縁から駿河《するが》に下って、次第に地歩を築く。結果として彼は、守護《しゅご》とか国司《こくし》といった公的肩書は持たず、ひたすら実力のみによって伊豆・相模の二国を実効支配するようになった。

その意味において宗瑞は、間違いなく戦国大名の先駆者といえる。ただし、旧体制がガタガタになった隙をついて、自分の勢力を広げてゆくのが彼の手口であって、主筋の人間を弑逆したり、傀儡を担いで実権を握ったりしたことはない。やはり、下剋上とはいえないのだ。

●守護代から守護へ

正真正銘の下剋上で成り上がった武将の代表としては、越後の長尾為景《ためかげ》、美濃《みの》の斎藤道三《どうさん》、越前《えちぜん》の朝倉孝景《あさくらたかかげ》、出雲《いずも》の尼子経久《あまごつねひさ》、周防《すおう》の陶晴賢《すえはるかた》などがいる。彼らはいずれも守護代の立場から、主君である守護を倒して実権を握っている。一国の支配権を下剋上一発で手にするのだから、効率がよいというか、いかにも戦国的なやり口という感じがする。

ただし、彼らが乱世の成功者かというと、かなり微妙だ。たとえば陶晴賢は、周防の守護大名だった主君の大内義隆《よしたか》を倒し、傀儡守護を担いで実権を握ったものの、わずか四年後には毛利元就《もうりもとなり》に敗れて命を落としている。

斎藤道三は、親子二代で美濃の守護代に成り上がり、ついには守護の土岐頼芸《ときよりあき》を追放して美濃一国を掌握《しょうあく》した。しかし、家督を譲った嫡男《ちゃくなん》の義龍《よしたつ》と折り合いが悪く、ついには親子で戦って敗死してしまう。陶晴賢といい、斎藤道三といい、どうにも徒花《あだばな》チックなのである。

一方、大名家として存続できた例としては長尾為景がある。越後の守護代だった為景は、主君（守護）の上杉房能《ふさよし》と対立して自害に追い込み、代わりに担いだ上杉定実《さだざね》からも実権を奪って、越後の国主として認められるようになった。為景の家督は、嫡男の晴景《はるかげ》から、その弟の景虎へと受け継がれるが、この景虎がのちに上杉家の名跡《みょうせき》を継いで（正確には関東管領上杉家の名跡）、上杉謙信となる。

と書くと、成功者のように思えるかもしれないが、為景は最後まで国内の不統一に苦しんだ。越後の諸勢力が、なかなか為景に従おうとしなかったからである。為景が死去した時、越後は内戦状態にあったし、晴景から景虎への家督継承だって、すったもんだの末のことだったのだ。

守護代から戦国大名へというコースは、下剋上一発で一国の権力を簒奪《さんだつ》できるのだから、かなり効率のよいやり口に思える。けれども、実際には成功しても徒花で終わったり、権力の維持に苦労するケースが多い。これには、わけがある。

もともと守護代というのは、国内諸将の代表幹事的な立場である。したがって、守護代が代表幹事として守護の指揮権を代行している分には、国内の諸勢力も指示に従うが、守護を倒して主君として振る舞うようになると、諸将は「俺は、あんたの家臣じゃないんだ」という意識が先に立ってしまうのだ。どうも、このあたりに権力とか簒奪といったものの本質にかかわる問題が、潜んでいそうである。

戦国最大の下剋上といえば、本能寺の変を起こした明智光秀であるが、彼の末路は皆さんもご存じのとおり。俗に「三日天下」と称されるごとく、光秀の簒奪はわずか一〇日あまりしか持たなかった。戦国最大のド派手な下剋上はまた、戦国最大の徒花でもあったのだ。

●愛と権力の墓場

さて、冒頭に書いたように、僕は愛は——少なくともある種の愛は——金で買えると思う。ただし、もし僕が事業なり資産運用なりに失敗して金を失ったら、周りにはべらかしていた美女たちは、たちまち消え去るだろう。金で買った以上、金の切れ目が愛の切れ目になるのだ。

また、僕より大金持ちのイケメンが現れれば、やはり彼女らはそちらにつくだろう。金で買った愛は、より大きな金には勝てないのだ。こうした原理は、プロ野球やサッカー選手の移籍動向などをみていても、実感できるところだろう。

下剋上も、同じ。策謀によって得た権力は、策謀によって維持するしかない。策謀が次の策謀を生み続けることになるが、策謀によって奪った権力は、いずれは策謀によって奪われる。

下剋上の動機は、権力や財力への野心、政治路線の対立、性格的な不和など、さまざまであろう。しかし、主君を倒して権力を簒奪してみると、かつて自分が倒そうとした主君と同じ場所に立つことになる——という宿命を背負うのである。

さいわい、僕の書く本は一〇〇万部も売れたりしないので、どうやら身を持ち崩さずに済んでいる。

好きな戦国武将は誰ですか？

●答えに窮する質問

長年、城や戦国時代の研究にたずさわり、そうした分野の本を書く仕事をしていると、「好きな戦国武将は誰ですか？」と聞かれることが、しばしばある。でも、この質問をいただくたびに、僕は答えに窮《きゅう》してしまうのだ。

研究者ないしは文筆家の立場で興味を引かれたり、もっと評価されてよい、と思う武将なら、いる。でも、「好き」というのとは話が違う。長年、研究にたずさわってきた立場からいうと、歴史上の人物は観察や探究の対象であって、客観視するのが基本だから、「好き」という気持ちにはならない。仕事でかかわる異性にいちいち恋愛感情を抱いていたら、仕事にならないし、身が持たないのと同じようなものだ。

というより、戦国時代について知れば知るほど、戦国武将という人種は好きになれないのである。

●乱世の処世訓

戦国時代の越前に、朝倉教景《のりかげ》という武将がいた。教景は、出家して宗滴《そうてき》と名乗ったが、この人が書き残した『朝倉宗滴話記《わき》』という史料の中に、

「武士は犬といわれようが、畜生《ちくしょう》といわれようが、勝つことがすべてだ」

という処世訓が記されている。

戦国末期を生きた剣豪の宮本武蔵も、『五輪書《ごりんのしょ》』の中で、

「死ぬだけなら僧侶でも女性でも百姓でも、義理や恥を知るならば覚悟ができるが、武士の兵法は相手に勝つためのものだ」

と述べている。どんなに命がけで戦っても、武士の戦いは勝たなければ意味がないというわけで、「勝つことがすべて」という意味では、朝倉教景の処世訓と共通し

甲府駅北口の武田信虎像。息子の信廉が描いた肖像画に基づいているが、あまり好感を持てない風貌だ（著者撮影）

ている。

また、有名な『葉隠《はがくれ》』の中で、著者の山本常朝《じょうちょう》は、父の常重が家臣たちに口うるさく説いていた武士の心得を記している。

「博奕《ばくち》を打て、嘘をいえ、一時《ひととき》（二時間）の間に七回嘘をつけないようでは、男としてものの役には立たないぞ」

これではほとんどヤンキーだが、ヤンチャなくらいでなければ、戦国の武士は務まらなかったということだ。けれども、朝倉教景や宮本武蔵や山本常重が異常だったわけでは、決してない。

●つわものの道はいばら道

現代人は武士といえば武士道、武士道といえば、怯懦《きょうだ》を嫌い正義と潔《いさぎよ》さを尊《たっと》ぶ誇り高いメンタリティをイメージする。でも、「武士道」の言葉が用いられるようになったのは幕末以降であるし、そこに正義と潔さを尊ぶ誇り高いイメージが伴うようになるのは、近代に入ってからのことなのだ。つまり、武士が社会の支配階級を構成していた武家社会には、現代人がイメージするような「武士道」など、存在していなかったのである。

もちろん、それ以前にも武士たちの間には、特有のメンタリティや武士としての心構え・処世訓のようなものはあった。平安時代の中頃に、「武士」または「侍」と呼ばれる戦士階級が生まれて以来、彼らの中に連綿と受け継がれてきた価値観・メンタリティは、「兵《つわもの》の道」「弓馬《きゅうば》の道」などと呼ばれていた。それは、どのようなものであったろうか。

鎌倉時代に制作された『男衾三郎絵巻《おぶすまさぶろうえまき》』という絵巻物の中にも、こんな武士の処世訓が書かれている。

「弓矢取る者（武士）の家を美麗《びれい》に造ってどうするのか。庭の草はむしるな、急な変事があった時に、馬の飼い葉にするためだ。馬場の入口には、人の生首を絶やすことなく切り懸けておけ。屋敷の門前を通る乞食や修行者などを見かけたら、捕まえて弓の的にせよ」

よそ者が、うっかり男衾三郎の屋敷の前を通ろうものなら、怖いお兄さんたちに捕まって、弓の的としてなぶり殺しにされたあげく、首を斬られて馬場の入り口に晒《さら》されてしまうのだ。

なんだかすごい話だが、「兵《つわもの》」として音に聞こえるというのは、こうしたことなのだ。「兵の道」「弓馬の道」とは、抽象的・哲学的な精神論なんかではなく、戦いや殺生を生業《なりわい》とする者たちの心構えをリアルに説いた、処世訓に他ならなかったのである。

実際、『平家物語』や『太平記』などを読んでも、登場する武士たちは戦場で手柄を立てるために、平然と嘘をついて味方を出し抜き、悪びれることなく敵をだまし討ちにしている。謀略もだまし討ちも「武略」「兵略」のうち、だまされるお人好しの方が悪い、というのが彼らの価値観だったのである。

という認識を前提に、さきほどの朝倉教景や宮本武蔵や山本常重の言葉を読み返してみよう。要するに、武士は勝つことがすべてで、勝つためにはなんでもありだから、自分がやられたくなかったら、日頃から周囲にナメられないように心がけて、油断なく暮らすべし、というわけだ。

●タイムスリップしたら…

ことほど左様なわけだから、武士どもの親分である戦国武将なんて、知れば知るほど好きになれない。戦国武将はおしなべて貪欲《どんよく》で、傲慢《ごうまん》で、横暴で、残忍で、陰険で、狡猾《こうかつ》で、独善的で、嘘つきで、猜疑心《さいぎしん》が強く、そのくせプライドが高くてキレやすい人たちである。少なくとも友達になりたいと思う戦国武将は一人もいない。

マンガやドラマでは、戦国時代にタイムスリップして武将に仕えるとか、逆に戦国武将が現代にタイムスリップしてきて……みたいな話があるが、まったくの絵空事だと思う（面白いので、僕もみるけれど）。彼らは、今風にいえばサイコパスのような人たちばかりだから、お近づきにはなりたくない。

なので、もしあなたが、現代にタイムスリップしてきた織田信長や上杉謙信を見つけても、決していっしょにお酒を飲もう、などと考えないこと。ただちに一一〇番通報をお勧めする。

信長や今川義元が「院政」を敷いた理由とは？――

「院政」という言葉から、皆さんはどのような体制をイメージするだろうか？　引退した前社長や前総理大臣が、現職の社長や総理を背後から操って、実質的な権力を行使する――そんなところだろう。歴史的にいうなら、「院政」の言葉は平安時代後期に遡る。

応徳《おうとく》三（一〇八六）年、時の白河《しらかわ》天皇は自分の子に皇位を譲って上皇となった。しかし、即位した堀河《ほりかわ》天皇はわずか八歳。儀式の時のお飾りとして鎮座《ちんざ》しているくらいなもので、政治の実権は白河上皇が握り続け、こののちも上皇は皇位継承を支配した。これが、本物の院政の始まりである。

●権力の継ぎ方

戦国大名の中にも、「院政」を敷いた者が少なからずいた。代表例としては、関東の北条氏康《うじやす》や氏政《うじまさ》だ。北条氏康は、永禄二（一五五九）年に家督を氏政に譲ってからも、病に倒れるまで政治や外交を主導し続け、その氏政も氏直《うじなお》に家督を譲ったのち、やはり政治や外交を主導した。なので、天正一八（一五九〇）年に豊臣秀吉に降伏した時、氏直は徳川家康の娘を室としていた関係で助命されたが、氏政はA級戦犯として詰め腹を切らされている。

　東海の雄である今川義元も、永禄元（一五五八）年までには嫡男の氏真《うじざね》に家督を譲っている。永禄三（一五六〇）年、桶狭間《おけはざま》で織田信長に討たれた時、義元はすでに今川の当主ではなかったわけだ。

　その信長も、天正四（一五七六）年に新築の安土《あづち》城に入る頃には、嫡男の信忠《のぶただ》に家督を譲っている。今川義元と同様、本能寺で斃《たお》れたとき、信長はすでに織田の当主ではなかったのである。

　とはいえ、息子に家督を譲った信長が隠居暮らしを始めたわけでないことは、皆さんもご存じのとおり。このののち彼は、摂津石山本願寺《せっついしやまほんがんじ》と戦って圧伏し、北陸に兵を進めては上杉謙信と能登《のと》の領有を争い、畿内一円を制圧し、中国に進出して毛利家と干戈《かんか》を交えている。むしろ、家督を譲ってからの方が覇業に邁進《まいしん》している印象すら受ける。では、彼らの「院政」には、いったいどんな意味があったのだろう？

安土城天守台の石垣。信長はここに壮麗な城を築くとともに、織田家の家督を信忠に譲った（著者撮影）

まず、考えられるのは、権力の継承という問題だ。組織の頂点で権力を行使してきた者が、後継者にバトンを渡すと、その組織の意思決定を伝える文書は、ある日を境に、新しいリーダーの名前で出される。これは、会社の取締役社長の場合も、戦国大名家の当主の場合も同じだ——出される書類（文書）が前者では「ぶんしょ」、後者では「もんじょ」と呼ばれるが——。

ただし、文書（ぶんしょ／もんじょ）を受け取った組織構成員（役員や社員／家臣たち）や、交渉相手（取引先／他国の武将）の全員が、はたして書いてある内容を額面どおりに受け取るかどうかは、現実には別問題だ。逆にいえば、リーダーの指示に組織構成員を忠実に従わせ、文書に書かれた内容どおり（ないしはそれ以上）の効力を持たせられるかどうかが、権力の本質ということになる。

こうした権力の本質部分は、事務的・形式的な引き継ぎだけでは継承しきれない。そこで、前の権力者が後見しながら新しいリーダーに実績を積ませ、権力の本質部分を少しずつ継承してゆく、という手法が有効になってくる。

先に挙げた北条・今川・織田の場合も、こうした問題をクリアするための「院政」という側面が、少なからずある。北条氏康→氏政や、今川義元→氏真の家督継承は、いずれも周りの有力大名との戦争が一段落している時期だったからだ。戦略的に余裕のある状況で権力継承を進めた方が、リスクを回避できる。

家督継承の時に、お家騒動のような権力闘争が起きることは珍しくないが、先の北条家・今川家・織田家の例では、いずれも内紛は起きていない。とくに北条家の場合は、五代一〇〇年にわたって一度も内紛を起こしていないから、権力継承にはかなり神経を使っていたことがわかる。

けれども戦国大名の場合、「院政」にはもう少し切実な理由があった。なぜなら、戦国大名というくらいだから、彼らは戦争が主な仕事であったし、その結果、戦国の大名家は膨張主義政策をとるのが基本だったからだ。

●社長から会長へ

武家社会とは、主従関係という原理に貫かれた社会である。この原理は、平安時代の中頃に武士が発生してから、明治維新で武家社会が終わりを迎えるまで、変わることなく受け継がれてきた。

武士たちは、自分の所領を主君から認めてもらう代わりに、主君に仕えて命がけで戦う。戦って手柄を立てれば、恩賞《おんしょう》として新しい所領をもらう。そうして所領が増えた分、多くの兵を連れて次の戦いに従軍する。これが主従制の基本原理で、ある意味では主君と家臣の間の契約ともいえる。

だから、戦国大名家の家臣とは、大名家当主から自分の所領の権益を保障されていたり、所領を与えられたりした人たちのことだ。戦国大名は、彼らを指揮して敵国と戦い、領土を広げてゆく。そうして勢力圏が広がってゆくと、周りにひしめいていた群小勢力の中からも、いうことを聞く者が出てくる。

彼らの領地は先祖伝来のもともと自力で支配してきたもので、大名家から与えられたわけではないから、大名家の家臣ではない。ただ、乱世に生き残りをはかるために、取りあえず長い物に巻かれているだけだ。彼らは、大名家から戦争にこいといわれれば兵を出すし、何かと干渉もされるが、形のうえでは独立した衛星国のような存在だ。

こうした衛星国のような群小勢力を、外様国衆《とざまくにしゅう》という。二〇一七年の大河ドラマ『おんな城主直虎』で描かれていた遠江《とおとうみ》の井伊《いい》家が、まさにこの外様国衆である。

北条家や今川家、織田家のような有力大名が、どんどん勢力を拡大してゆくと、こうした衛星国（外様国衆）も、次々とくっついて増えてくる。彼らと大名家当主との間には、オリジナル家臣団のような主従関係の契約はない。彼らを従わせているのは、大名家当主の軍事的・政治的実力である。いい換えるなら、書類だけでは継承できない、権力の本質部分だ。

そんな状態で、大名家の当主が交代したとしよう。家臣たちは、主従契約の主体が氏康から氏政、義元から氏真、信長から信忠へとチェンジするだけだから、新しい当主から引き続き所領の保障を得られればよい。

けれども、衛星国の外様国衆たちは、そうはいかない。彼らを従えていたのは、大名家の当主というポジションではなく、あくまで氏康・義元・信長個人の力量なのだ。そこで、本国の領地とオリジナルの家臣団をまず息子に引き継いでおいて、自分は衛星国の国衆たちを束ねてゆく。そうして、少しずつ新当主に実力をつけさせてゆく。たとえるなら、本社の社長を後継者に譲って、自分は会長として子会社や関連会社を含めた、グループ全体の総帥《そうすい》におさまる感じだ。

桶狭間で戦死したときの今川義元や、本能寺で横死したときの織田信長が、すでに今川家・織田家の家督を息子に譲った後だった理由がわかる。義元は今川ホールディングスの会長として、傘下の国衆たちを率いて、三河から尾張へと勢力を広げようとしていたのであり、信長は織田天下グループの総帥として覇道に邁進していたわけである。

武将たちの意外な〝転職〟事情とは？——

●家臣を借りパクされた件

戦国時代、今の東京の世田谷《せたがや》に吉良《きら》家という一族がいた。世田谷の豪徳寺《ごうとくじ》の境内《けいだい》から、その隣の世田谷城址《じょうし》公園や都営団地の一帯が彼らの居城で、他にも横浜の蒔田《まいた》というところに領地を持っていた。

吉良はもともと足利氏の支族で、赤穂《あこう》事件で有名な吉良上野介義央《こうずけのすけよしなか》は、吉良氏でも本家筋の三河吉良家の末裔《まつえい》である。世田谷の方は分家筋にあたり、いろいろと紆余曲折《うよきょくせつ》があって（説明するととても長くなるので省略）、武蔵の世田谷に住み着くこととなった。

足利一門である吉良家は名家だから、南関東一円に勢力を広げた北条家も縁戚関係を利用してさりげに取り込むくらいで、うかつな手出しはしなかった。結果として、世田谷と蒔田の吉良領は、広大な北条領国の中に島のように取り残された、小さな独立国となった。ヨーロッパの地図をみているとときどきある、ナントカ公国みたいな感じである。

とはいえ、勢力をどんどん広げる北条家には敵も多い。あちこちで戦争になり、不本意な多正面作戦を強いられる局面が出てくると、北条軍としては猫の手も借りたい。そこで、平和な独立国である吉良家に要請することになる。「おたくの重臣を、ちょいと拝借させてもらえませんか？　なにせ、非常事態で人手が足りないもので」。こうして、吉良家の重臣だった大平清九郎・同右衛門尉や江戸頼忠といった面々が、北条軍に出向することになった。

ところが、敵の多い北条軍はあちこちで戦争になるから、非常事態も慢性化する。彼らは、北条軍の一員として各地を転戦するようになり、いつの間にか北条家の家臣扱いになってしまったのだ。要するに、家臣の借りパクである。

では、なぜ借りパクが起きてしまうのかというと、根底には武家社会特有の事情がある。武家社会では、家臣は主君から所領の権利を保障される代償として主君に奉公し、戦で手柄を立てると、恩賞として新しい所領を与えられる。そうして所領＝収益が増えれば、当然それに見合った分の兵力なり労力なりを提供しなくてはならない。

大平や江戸は、もともと吉良家の家臣として所領を保障され、吉良家に仕えている。ところが、北条軍に出向して戦場で手柄を立てると、北条家から恩賞をもらう。すると北条家に対して、恩賞をもらった分の兵役を務める義務が生じる。こうして各地に転戦して、恩賞↓手柄↓恩賞のサイクルが続くうちに、北条軍の兵役を務めるだけで手いっぱいとなってしまうのだ。

●戦国あるある

実は戦国時代には、こんなふうに、いつの間にか誰かの家臣扱いにされることは、珍しくなかった。典型的な例が、明智光秀《あけちみつひで》である。光秀はもともと足利義昭《あしかがよしあき》に仕えていたが、織田信長によって義昭が第一五代将軍に擁立《ようりつ》されたのち、いつの間にか織田信長の家臣になっている。

浪人同様だった義昭は、わずかな供回りだけで、兵力と呼べるほどの人数は率いていなかったから、信長の軍事力がなければ将軍権力を維持できない。敵対者が現れれば、信長に戦ってもらうしかない。そんな状況で、義昭サイドから信長軍に出向した光秀は、なにせ優秀な武将だったから戦場で活躍する……後は、おわかりですよね。

光秀だけをみていると、義昭を見限って信長についた世渡り術とか、野心といった行動原理で考えてしまうが、同時代の他の事例と比べてみると、光秀の乗り替えは「戦国あるある」だったことがわかる。さらに、もっと切羽詰《せっぱ》まった事例もある。

上杉謙信が川中島で武田信玄と干戈《かんか》を交えたのは、もとはといえば武田軍の勢力が北信濃まで伸びてきて、地生えの国衆たちが謙信に助けを求めてきたからだ。その結果、国衆たちは上杉軍の指揮下で戦うことになり、北信濃における上杉軍のプレゼンスが、国衆たちの存亡に直結するようになる。

一方で、上杉軍が上野《こうずけ》や飛驒《ひだ》でも武田軍と戦うようになると、謙信は上杉軍全体の戦略の中で、川中島戦線はいったん整理縮小した方がよい、と判断する局面が出てくる。こうなると、北信濃の国衆たちは自分の領地を捨ててでも、上杉軍の戦略拠点に後退しないと、生き残れなくなる。

結局、彼らは謙信からどこか別の場所で所領を手当てしてもらって、上杉家の家臣として存続するしかないのだ。このあたりは、大国の狭間に生きる小国の宿命というか、悲哀というしかない。大きな力に庇護《ひご》を求めるというのは、一見すると手堅い生き残り戦略のように思えるが、現実には自分たちの存亡条件を、他者の手に委ねることをも意味するのだ。

北条家は民政家だった？

●ハンコ行政事始め

小田原を本拠に関東の覇者となった北条家は、数ある戦国大名の中でも特筆すべき存在である。なぜなら、彼らは五代一〇〇年にわたって存続したからだ。こんな戦国大名はなかなかいない。初代の伊勢宗瑞（俗称・北条早雲）は戦国大名の草分け的な人物だし、豊臣秀吉による全国統一の最後の戦争は、北条攻めであった。戦国大名は、北条家に始まって北条家に終わる、といってよいほどだ。

しかも、北条家は一度も内紛を起こしていない。血で血を洗う肉親の争いを一度もへることなく、五代一〇〇年の間つつがなく権力を継承できた戦国大名なんて、他にちょっと見当たらないのである。にもかかわらず、いまいち人気がないという点でも、また特異な存在ではある。

そんな北条家は、しばしば「民政家」として評価される。北条家は戦いよりも民政に力を注いで領国を繁栄させた、というわけだ。初代の伊勢宗瑞は、五公五民だった年貢(つまり税率五〇パーセント)を四公六民(四〇パーセント)に引き下げて、領民の生活を安定させた、と評価されることも多い。

でも、はっきりいって、この話はおかしい。少なくとも僕は、宗瑞が年貢率を引き下げたことを示す同時代史料をみたことがない。それに、五公五民とか四公六民というのは江戸時代のシステムだ。戦国初期の徴税システムはもっと複雑で、何公何民などと単純に表現することはできない。宗瑞が五公五民を四公六民にしたというのは、江戸時代になってからの作り話(ないしはたとえ話)と考えるべきだ。

北条家の場合、全国きっての有力大名であるにもかかわらず、川中島合戦や桶狭間合戦のような、華々しい武勲譚《ぶくんたん》に乏しい。そこで、江戸時代に北条家の本を書いた軍学者や作家たちが、「軍略より民政」をウリにしたのではないか——歴史学者の山室恭子《やまむろきようこ》氏は『群雄創世紀』(朝日新聞社、一九九五)という本の中で、そんなふうに論じている。北条家の領国だった南関東は、江戸時代には一大消費地となったから、なるほど北条家の歴史を書いた本は、需要があったのかもしれない。

とはいえ、北条家に民政家の評判がたったのも、まったくの根拠レスな話ではない。北条家の場合、家臣たちや領内に宛てて出した膨大な量の文書が残されているからだ。領国支配のための文書の量にかけては、彼らの右に出る大名はいない。

しかも、それらの文書からは領国支配がシステマティックにおこなわれていた様子がうかがえる。宛先の村の名だけを変えた同内容の文書に、朱色も鮮やかな角判を押して、領内一円に出したりしている。現在の行政文書の出し方とそっくり、というより、こんにちに至る日本のハンコ行政の原型を作ったのは、実は北条家だったといってよいのだ。ただ考えるべきは、そのハンコ行政の目的や真意がどこにあったかである。

●何のための領国か

永禄一二（一五六九）年、武田信玄は大軍を率いて関東に侵攻し、北条家の本拠である小田原に迫った。このとき、当主の北条氏政が配下の武将に出した指令書には、次のように記されている。

「どこが火になろうと水になろうと、取り合わずに持ち場の守備を固めよ。どこで何が起きようと誰に何をいわれようと、一歩たりとも持ち場を離れるな。もし命令に背《そむ》いたのちも当家が存続していたら、そのときは首を刎《は》ねるから覚悟せよ」（永禄一二年九月一七日付「北条氏政書状」)

実際このとき、武田軍は北条領内の村や町を焼き、略奪をほしいままにしていた。小田原の城下も灰燼《かいじん》に帰したが、北条軍は籠城《ろうじょう》戦術に徹していた。敵をやり過ごすためではない。武田軍の侵攻能力が限界に達するのを見計らって、反転攻勢に出るため、軍の主力を温存していたのである。

自分の領内の田畠が荒らされ村が焼かれたからといって、武田軍を追い払うために諸将がそのつど出撃していたら、北条軍の諸隊は各個撃破されてしまう。それでは反転攻勢に打って出られないから、「どこが火になろうと水になろうと、一歩たりとも持ち場を離れるな」と命じているのだ。

ここが、乱世を生き抜く戦国武将たちの現場感覚だ。領民が安心して暮らせるような国づくりを目ざす大名が、こんな指令を出すものか。北条家は、戦いに勝つチャンスを見いだすために、領国という柔らかい肉を敵に貪《むさぼ》らせているのである。

戦国大名にとっての本業は戦争。戦争を遂行するためには強大な軍事力が必要だが、軍事力を養うためには税金(年貢)がいる。その税金を納めさせるには、生産や経済の安定が必要だからこそ、戦国大名は民政に意を用いたのである。

武田信玄がトイレを畳敷きにした意外な理由とは?——

もし、あなたがこの本を、どこかでランチを食べながら、あるいは新幹線の中でお弁当を開きながら読んでいるのだとしたら、この項だけは後回しにしてほしい。尾籠《びろう》な話題に及ぶからである。

●厠を「山」と呼ぶ理由

武田信玄専用の厠《かわや》は、なんと六畳の畳敷きであった、という豪儀《ごうぎ》な話を聞いたことはないだろうか。

わが家の寝室は六畳の和室だが、マンションなので信玄の時代より畳は一回り小さい。布団に入って天井を眺めながら、信玄の厠の方が広かったのかと思うと、わが家の住宅事情に切なくなるが、六畳敷きの話は俗説ではなく、どうやら本当らしい。というのも、信玄の事績を詳しく記した、『甲陽軍鑑《こうようぐんかん》』という書物に出てくる

甲府駅南口に立つ、いや、どっかと座っている武田信玄像。トイレは六畳敷きだったらしい（著者撮影）

からだ。

『甲陽軍鑑』は江戸時代の初めに書かれた本で、編者の小幡景憲《おばたかげのり》は甲州流軍学の開祖となった軍学者だ。もともとは信玄にかわいがられた春日《かすが》虎綱《とらつな》（俗に高坂弾正《こうさかだんじょう》と呼ばれている人）という武将が書き残した手記があり、虎綱の死後、甥の惣二郎《そうじろう》が書き継いだものが、武田家と縁のあった小幡景憲に渡り、景憲が何かと手を入れて書物としてまとめたとされている。

この『甲陽軍鑑』は、一般には軍記物と思われているが、実際には物語というより軍学のテキストとして編まれた書物と考えた方がよい。記述の信《しん》憑性《ぴょうせい》についてはいろいろな意見があって、少なくとも全面的に事実と認めることはできない。ただ、近年の研究によれば、原型は戦国時代に成立したものと見てよさそうである。

この『甲陽軍鑑』には、信玄の人となりを伝えるようなエピソードもいろいろと出てくる。たとえば、信玄は厠のことを「山」と呼んでいたそうだ。なぜ「山」なのか、家臣たちが不思議がっても信玄は笑って答えなかったので、皆考えをめぐらせた。厠大喜利だ。もっともよさそうな答えは、「山には草木《くさき》が絶えぬゆえ」。などというエピソードを書くと、信玄は居心地のよい広いトイレで思索にふけっていたように思うかもしれないが、ことはそう穏やかではない。

●リニューアルの理由

信玄には義信《よしのぶ》という嫡男があって、その嫁は駿河の今川義元の娘であった。信玄と義元が同盟を結んだときに、縁組みしたのである。この同盟のおかげで、信玄は信濃に兵を進めて、領地を大きく広げることができたのだが、やがて川中島で上杉謙信（長尾景虎）と衝突するようになると、武田軍の北進戦略は限界に達した。

一方の今川家では、義元が桶狭間で討死して氏真が跡を継いだものの、その勢力には陰りが見え始めていた。そこで信玄は今川家との同盟に見切りをつけて、南に勢力を広げることを考え始めたのだが、ここで義信と意見が対立してしまった。義信の周囲に親今川派が形成されていることを見て取った信玄は、義信を幽閉《ゆうへい》して親今川派を粛清《しゅくせい》する強硬手段に訴え、ついには義信本人も自害に追い込んでしまう。

もっとも、信玄と義信の確執は、対今川政策をめぐって唐突に始まったわけではない。二人はもともと気性が合わず、たびたび衝突していたらしい。そこへもってきて、対今川政策で対立が決定的となり、ついには家中を二分しかねない状況に立ち至ったわけである。

実は、『甲陽軍鑑』をよく読んでみると、信玄が厠を六畳敷きにリニューアルしたというエピソードは、義信との確執が決定的になったくだりで出てくるのだ。だとしたら、これはトイレを居心地よくするためなんかではなく、間者《かんじゃ》や刺客を警戒しての措置とみるべきだろう。しゃがんだところを床下から、ぶすり、とやられないためである。おそらく、このトイレは「ぼっとん式」ではなく、箱に入れて外に持ち出すタイプだったのだろう。

どうやら戦国武将にとっては、トイレとて一息つける場所ではなかったようだ。マンションサイズの狭い六畳間で、天井を眺めながら住宅事情を嘆いているなどというのも平和だからこそ、と思って納得するしかない。

軍師・山本勘助は実在したか？

●戦国アイドルユニット

武田信玄といえば、「風林火山《ふうりんかざん》」の旗をなびかせ、「武田二十四将」と称される精強な家臣団を率いて、四囲を圧したイメージであろう。ただ、この「武田二十四将」は、数え方がいろいろあってメンバーが一定しない。

どうも日本人は昔から、いろいろな人がワラワラいるのを、語呂のよい数字でくくり、それぞれのキャラを比べては推しメンを見つけて楽しむのが、好きだったらしい。アイドルユニットの48とか46も、赤穂浪士《あこうろうし》の47みたいなものだ。

そんな戦国アイドルユニットみたいな「武田二十四将」の中で、間違いなく「神7」入りするのが山本勘助《かんすけ》である。勘助を主人公にした井上靖の名作『風林火山』は、三船敏郎《みふねとしろう》の主演で映画になり、内野聖陽《せいよう》の主演で大河ドラマにもなったので、ご覧になった方も多いと思う。

●軍師のお仕事

一般に山本勘助は、武田信玄の軍師といわれることが多い。片足を引きずりながら武田信玄に影のごとく付き従い、さまざまな術策を進言する隻眼《せきがん》の作戦参謀――というあたりが、大方のイメージだろう。

この山本勘助、かつては歴史学者たちから架空の人物ではないかとみられてきた。前項で述べた『甲陽軍鑑』にしか名前が出てこないからである。しかし、現在では、信頼できる一次史料（同時代に書かれた文書など）で名前が確認されることから、武田家中に実在した武将であることがわかっている。

ただ、文書では名前の表記が「菅介」「菅助」と一定しないし、よく読むと『甲陽軍鑑』でも「勘助」「勘介」とバラついている。いずれにせよ「カンスケ」は呼び名なので、武士なら実名（信長・晴信のような）があったはずだか、伝わっていない。その意味では、実在は確認できるが謎の人物というわけだ。

一方で、現在までにみつかっている文書の中には、勘助（菅介）に宛てた武田信玄の直筆書状も含まれている。戦国時代には、書状などは右筆《ゆうひつ》が口述筆記するのが普通で、大名家の当主が直筆で書くことはそう多くはない。しかも、前線における作戦を指示したり、味方の武将たちの動向をさぐらせたり、といった内容なのである。信玄が勘助（菅介）に与えた密命、とみて差し支えない。

となると、やはり山本勘助（菅介）は信玄の信頼厚い軍師＝作戦参謀だったと考えたくなるのだが、ことはそう単純ではない。なぜなら、『甲陽軍鑑』には山本勘助は足軽《あしがる》大将だったと書いてあるからだ。一方で『甲陽軍鑑』は、勘助は信玄の「軍配者」の一人だったとも伝えている。どういうことか。

ここでいう「軍配者」とは、軍陣において軍配を用いて吉凶占いなどの儀式をおこなう専門家のことである。現在でも、兵士やスポーツ選手はさまざまな験担《げんかつ》ぎをおこなう。戦いの場が、常に不可測性と流動性に満ちていて、何が起こるかわからないからだ。

戦国時代の軍陣においても、験担ぎや吉凶占いは士気を高めるためにも重要であったから、すぐれた「軍配者」のニーズは高かった。『甲陽軍鑑』によれば、山本勘助の軍配術はスピリチュアルな効果には乏しかったものの、敵陣の「気」をよく読んだので信玄に重用された、とのことである。

実は、戦国時代の軍師というのは、このような「軍配者」を指していた。戦国時代には、われわれがイメージするような作戦参謀などいなかったのである。

なぜなら、国家から指揮権を預けられている近代軍隊の将軍たちと違って、戦国武将たちは軍のオーナーだったからだ。彼らにとって、自分が指揮する軍なり部隊なりは、自前の財源で雇い、養っている所有物に他ならない。

ゆえに、作戦が成功しようが失敗しようが、すべて自己責任。となれば、ワンマンで動かすのが基本である。急成長するベンチャーの社長と同じで、常に即断即決が求められるから、部下の意見に耳を傾けてていねいにコンセンサスを得たり、作戦の立案を部下に任せたりしているようでは、やっていけない。

というより、軍隊が個人ではなく国家の所有物になって整然とした組織が形成されるようになり、将軍が国家から指揮権を預かるようになって、初めて作戦参謀のような専門職が出現するのである。軍師＝作戦参謀というのは、そうした近代的な常識を戦国時代に投影したイメージでしかない。

ところで、さきほど山本勘助（菅介）は足軽大将だった、と書いた。足軽については次章で詳しく述べるが、結論だけいうなら武田軍の足軽とは、当主直属の傭兵《ようへい》部隊と考えてよい。つまり、勘助（菅介）は軍配術を身につけた傭兵隊長だった、というわけだ。しかも信玄の直属だから、密命を帯びて前線に派遣されて、情報収集やら工作活動をおこなった、というのが真相であろう。

大名の遠隔地転封は左遷人事か?

●片道切符

天正一八(一五九〇)年、小田原の北条家を滅ぼした豊臣秀吉は、徳川家康を関東に封《ほう》じた。徳川家の本領は三河だったが、長年にわたる家康の努力によって、この頃には遠江・駿河・甲斐《かい》と領地を広げていた。したがって、秀吉は家康と家臣たちに、慣れ親しんだ土地を離れて遠い国へ〝転勤〟するよう、命じたことになる。

もともと、秀吉は織田信長の家臣で、家康は信長の格下の同盟者だった。信長の横死後に両者は対立し、天正一二(一五八四)年の小牧《こまき》・長久手《ながくて》合戦で干戈を交えるに至ったものの、結局は家康が政治的に屈する形となった。家康の関東転封《てんぽう》は、その六年後であるため、秀吉が家康を遠ざけた、と考える人が多い。

家康と同じように、秀吉から遠隔地に移された大名に、佐々成政《さっさなりまさ》と蒲生氏郷《がもううじさと》がいる。佐々成政は、もともと織田家中では秀吉と同僚だった。柴田勝家《かついえ》の配下として北陸で戦うようになったが、やがて勝家が秀吉に滅ぼされ、小牧・長久手の合戦が起きると、成政は家康と通じて秀吉に敵対することとなった。

天正一五（一五八七）年に秀吉が九州を征服すると、成政は肥後《ひご》に封じられる。ところが、肥後の国衆（地生えの領主）たちが叛乱を起こし、成政は統治失敗を問われて詰め腹を切らされた。そこで、佐々成政も家康と同じく、秀吉に逆らったために僻地《へきち》に飛ばされたように評されることが多い。

一方の蒲生氏郷は、やはり織田家中出身だ。秀吉に仕えて伊勢松坂を領し、将来を嘱望《しよくぼう》されていたものの、小田原の役ののち会津に封じられ、五年後に三九歳で病没。跡を継いだ秀行《ひでゆき》は、石高を五分の一に減らされて宇都宮に移され、会津には上杉景勝が入った。

こうしたいきさつから、氏郷の会津転封については、秀吉が彼の力量を恐れたため、といわれることも多い。では、彼らの転封は、はたして権力者の思惑による左遷人事だったのだろうか？

●乱世の原則

まず、原理原則論で考えてみよう。中世～戦国時代の武家社会では、戦争が起き

石垣山一夜城から小田原城と相模湾を眺める。秀吉はここで家康に関東への異動を命じたといわれる（著者撮影）

た場合、敵にいちばん近いところに領地を持っている者が、先鋒に任ずるのが習わしだった。領地が隣どうしなら土地鑑もあるし、軍団の編成や行軍序列を考えても、この原則は理にかなっている。

もう少しナマナマしい話をするなら、領地を接している者どうしは、ふだんから交流がある。だから、戦争になった時には、自分はもう敵に通じていませんよ、ということを主君に証明してみせるため、先陣を切って戦う必要があった。

家康の場合、この原則がズバリ当てはまる。当時の徳川領は、三河・遠江・駿河・甲斐だから、関東を領する北条家は隣どうしだ。しかも、家康は以前に北条と戦って和睦した際、娘を北条氏直に嫁がせている。こうした関係から、豊臣政権と北条側との外交交渉では、窓口となってきた。

その外交交渉が決裂し開戦に至ったとなれば、家康は当然、先鋒を務めなければならない。しかも家康は、数年前の小牧・長久手合戦では、秀吉と戦っているわけだから、秀吉からすれば、「おい家康、今度は豊臣家のために根性見せろや」ということになる。

●転勤と転封

われわれ現代人は、大名の転封をつい、自分たちの転勤と同じように考えてしまう。秀吉から転封を命じられた家康は、いったん国元へ帰り「やれやれ、関東に国替えだ」などとボヤきながら、家臣や家族と引っ越しの相談をして……という情景を、大方の現代人ならイメージしてしまうだろう。

しかし、大名の異動は、そのような悠長なものではなかった。家康の場合、秀吉から関東への転封を命じられたなら、そのまま軍勢を率いて江戸城に入らねばならない。なぜかというと、北条家を攻め滅ぼす戦争が、豊臣政権による全国征服事業としておこなわれているからだ。しかし、北条領に隣接して領地を持つ家康は、先陣を切って戦う立場にある。そうである以上、関東転封は討滅した北条領の占領であり、江戸城への入部《にゆうぶ》は敵基地への進駐以外の何物でもない。

接収した北条領は広大であるし、その先の奥羽《おうう》はいまだ不安定であるから、関東の占領統治は力量のある者でなければ任せられない。家康が関東に入るのは、きわめて当然の流れだったことがわかる。もちろん、気の利いた家臣を国元につかわして、引っ越しの段取りをさせる必要はあるが、われわれの転勤とはずいぶん様子が違うのだ。

一方、北条家が滅びたことによって、奥羽の諸大名は一応は豊臣政権へ服従の姿勢をみせた。とはいえ、奥羽の情勢は不安定であり、豊臣政権の支配を固める必要がある。そのための押さえとして、会津に送り込まれたのが蒲生氏郷だったわけだ。

しかも、伊勢松坂で一八万石だった氏郷は、会津では四二万石を領したから、領地は二倍以上に増えたことになる。大名にとって領地は収入源であり、軍団を養う経済基盤だから、領地が増えるということは大軍を任されることをも意味する。

会津の北には最上義光《もがみよしあき》・伊達政宗《だてまさむね》という、油断のならない大勢力がいる。氏郷は、最上・伊達への押さえとして、大きな領地＝大軍の指揮を任されたのである。実際、こののち奥羽では、地元勢力の叛乱が相次いでおり、背後には伊達政宗の暗躍があると噂されていた。叛乱鎮圧に活躍した氏郷は加増を受け、最終的な石高は九〇万石を超えた。彼は一時、日本屈指の大大名に躍り出たのである。

肥後に封じられた佐々成政の場合は、どうか。秀吉が九州北部に封じたのは小西行長《ゆきなが》、加藤清正、黒田孝高《よしたか》（勘兵衛）といった面々だ。彼らは、朝鮮出兵で主力となった武将たちなのである。秀吉は、九州を征服する以前から、日本国内を統一したら、次は朝鮮・明国に侵攻する、と公言している。有力な武将たちを九州に配置したのは、海外侵攻のためのベースづくりだったことがわかる。

秀吉が成政を肥後に封じたのは、武将としての力量を買って、朝鮮出兵で切り込み隊長として活躍することを期待したからに他ならない。ところが彼は、肥後の占領統治に失敗してしまう。適切な占領統治をおこなう能力がない者に、海外侵攻を任せるわけにはいかないし、そもそも領国経営ができなければ、麾下《きか》の軍団を維持することもできない。豊臣政権が、成政に武将失格の評価を下して詰め腹を切らせたのは、当然の政治判断だったのである。

中央から遠い地方への転封を命じられたから左遷人事だろう、などと邪推するのは、日々の〝宮仕え〟に汲々《きゅうきゅう》とする現代人の、ひがみなのである。

戦国武将の寿命はどのくらい？

●人間五十年？

織田信長が本能寺で横死したのは、数え年で四九歳の時。彼が好んだ幸若舞《こうわかまい》の「人間五十年」に、あと一年足りなかったわけだ。では、戦国武将の寿命とは、どのくらいだったのだろう。

戦死や謀略による横死などは、年齢と関係なく降りかかってくるので除くとして、病死など「畳の上で死んだ」大名家当主の例を拾ってみよう。（　）内は没年を西暦表記したものだ。

今川氏親《うじちか》＝五四歳（一五二六）
北条氏綱＝五四歳（一五四一）
長尾為景＝五四歳（一五四二）

朝倉孝景＝五六歳（一五四八）
織田信秀《のぶひで》＝四二歳（一五五二）
斎藤義龍《よしたつ》＝三五歳（一五六一）
三好長慶《みよしながよし》＝四三歳（一五六四）
北条氏康＝五七歳（一五七一）
毛利元就＝七五歳（一五七一）
武田信玄＝五二歳（一五七三）
上杉謙信＝四八歳（一五七八）
大友宗麟《おおともそうりん》＝五八歳（一五八七）

いかがであろう。七五まで生きた毛利元就のような者もあれば、斎藤義龍（道三の子）のように若死にした者もある。けれども、戦国たけなわを生きた一二人の平均寿命は、五二・三歳。おそらく、天下統一以前に活躍した戦国武将たちの平均寿命は、おおむねこのくらいになるだろう。

そこへゆくと、天下人となった豊臣秀吉は、さすがに彼らより長生きである。それでも六二歳（一五九八）であるから、現代人の感覚からすると、やはり短命だ。

「人間五十年」は、戦国期武将たちにとって、かなりリアルな人生観だった、といえそうである。仮に、織田信長が本能寺で横死することなく天寿を全《まっと》うしたとしても、持ち時間はそう長くなかったかもしれない。

●寿命を分けたもの

一方で、明らかに長生きした者としては、

武田信虎＝八一歳（一五七四）
今川氏真＝七七歳（一六一四）
宇喜多秀家《うきたひでいえ》＝八四歳（一六五五）

あたりが挙げられる。実は、この三人には共通点があるのだ。

まず、武田信虎は、四八歳の時に息子の信玄によって駿河に追放された。信虎は、しばらく今川義元の庇護《ひご》下にあったが、やがて京に上り、しばらく流浪したのちに甲斐への帰国を企てたが果たさず、信濃の高遠《たかとお》で没した。

今川氏真は、信玄が駿河に侵攻したために領国を失い、北条家に亡命して庇護されたが、のち豊臣秀吉や徳川家康に出仕し、幕府の高家となって品川で天寿を全うした。宇喜多秀家は豊臣家五大老の一人であったが、関ヶ原の合戦で敗れて捕縛され、八丈島に流されてそこで生涯を終えた。彼らは、領国を失った結果として長生きができた武将たちなのである。

領国を失うというのは大変な苦労ではあろうが、信虎や氏真の場合は庇護してくれる者がいたし、宇喜多秀家も夫人が前田家の娘だったので、離別して島流しになった後も前田家の仕送りで暮らしていけた。となれば、もともと恵まれた環境で育った彼らは健康状態もよく、好き勝手に暮らしながら長生きができたのだろう。

逆にいうなら、絶大な権力をふるった者たちの、なんと短命なことか。このうち信虎と信玄は親子で、体質も似ていた可能性が高いから（性格的にはけっこう似ている）、二人の寿命を分けた最大の要因は、領国を保ったか失ったかにかかってくることになりそうだ。宇喜多秀家の父の直家も、五三歳で病没している。

戦国たけなわを生きた武将たちの寿命を縮めたのは、領国を保ち、権力をふるうことに伴うストレスだったように思えてならない。

2章

合戦と武器のリアル

映画やドラマでおなじみの戦国の合戦――。
その光景に目を凝らすと
知られざる当時の事情と、
意外な「合理性」が浮かび上がる。

大名家当主は滅多に戦死しない？——

町工場や中小企業ならいざ知らず、名のある大企業ともなると、社長が自ら飛び込み営業にいって、名刺を渡したりはしない。

戦国時代の合戦も同じように、前線で命のやり取りをしているのは名もない兵たちで、大名家の当主ともなれば、自分で鑓《やり》や刀を振り回すことなどない、と思っている人が多い。ドラマや映画では、主人公が刀や鑓をふるって大勢の敵兵を切り伏せ、ラストシーンでは壮絶な討死を遂げたりするが、そんなのは演出で、名のある武将が自ら立ち回りを演じることなど、滅多になかったに違いない——そう思っている人も少なくないだろう。

●意外に多い戦死者

ところが、大名家の当主クラスで討死した人というのは、調べてみると意外に多いことがわかる。まず、誰もが思いつく例としては、永禄《えいろく》三（一五六〇）年の桶狭間《おけはざま》の合戦で討死した今川義元《いまがわよしもと》がある。最終的に逃げ場がなくなる籠城《ろうじょう》戦は除いて、一軍の総大将たる大名家当主が野戦で討死したり、逃げ場を失って自害した例を拾ってみよう。

今川義忠《よしただ》（駿河守護《するがしゅご》）……遠江《とおとうみ》塩買坂《しょうかいざか》合戦（文明《ぶんめい》八年二月／一四七六）
山内顕定《やまのうちあきさだ》（関東管領《かんれい》）……越後《えちご》長森原《ながもりはら》合戦（永正《えいしょう》七年六月／一五一〇）
足利義明《あしかがよしあき》（小弓公方《おゆみくぼう》）……第一次国府台《こうのだい》合戦（天文《てんぶん》七年一〇月／一五三八）
陶晴賢《すえはるかた》……厳島《いつくしま》合戦（弘治《こうじ》元年一〇月／一五五五）
扇谷朝定《おうぎがやつともさだ》……河越《かわごえ》夜戦（天文《てんぶん》一五年四月／一五四六）
斎藤道三《どうさん》……長良川合戦（弘治二年四月／一五五六）
龍造寺隆信《りゅうぞうじたかのぶ》……沖田畷《おきたなわて》合戦（天正一二年三月／一五八四）

けっこういるのである。彼らの最期はさまざまで、山内顕定や足利義明は敗走中に捕捉されたし、龍造寺隆信は今川義元と同様、乱戦の渦中に孤立して敵の手にかかった。

総大将ではなく部将としての立場ではあるが、

中川清秀《きよひで》……賤《しず》ケ《が》岳《たけ》合戦（天正一一年四月／一五八三）
池田恒興《つねおき》……小牧《こまき》・長久手《ながくて》合戦（天正一二年四月／一五八四）
森長可《ながよし》……同右
一柳直末《ひとつやなぎなおすえ》……山中城攻城戦（天正一八年三月／一五九〇）

なども、大名家当主クラスの戦死者だ。

パッと思いついた限りで、このくらいは挙がるのだから、全国の事例を精査すれば、もっと多いだろう。さらに大名家当主の子弟や重臣、国衆《くにしゅう》クラスの小大名まで含めれば、枚挙《まいきょ》に暇《いとま》がない。武田信玄の弟の信繁《のぶしげ》は永禄四（一五六一）年に川中島で、長《ちょう》宗我部《そかべ》元親《もとちか》の嫡男である信親《のぶちか》は天正一四（一五八六）年の戸次川《へつぎがわ》合戦で、それぞれ討死している。

●当主も楽じゃない

右に挙げた武将たちのうち、もっとも凄絶な最期を遂げたのは、山中城で戦死した一柳直末であろう。山中城は、三島から小田原に向かう東海道が箱根峠を越える手前に築かれた城で、豊臣秀吉による小田原侵攻の緒戦として猛攻が加えられた。一柳直末は秀吉子飼いの武将で将来を嘱望《しょくぼう》されており、近代軍隊にたとえるなら近衛第一連隊長くらいの立場だった。

このとき、大手口の攻略を受け持った直末は、早い時間帯に鉄炮玉に当たって戦死している。戦況と戦死地点からみて、自ら攻撃隊を率いて大手口への突入を試み、城内からの猛射を浴びたようだ。

大名家当主たる者、矢弾の飛んでこない本陣で床几《しょうぎ》にどっかと腰を下ろして、配下の諸将に命令を下し、旗色がいよいよ悪くなったら馬廻り（親衛隊）に守られて、しずしずと退却——というほど、戦国時代は甘くなかった。

重要な戦いでは、指揮官先頭で敵陣に突っ込むくらいの気迫をみせなければ、部下たちはついてこない。家の興廃《こうはい》を賭しての大勝負ともなれば、負けたら文字通り首が飛ぶリスクを覚悟せねばならない。

なので、もしあなたが戦国大名の息子に生まれ変わったとしたら、武術の鍛錬は怠らないことをお勧めする。

合戦は農閑期を選んでおこなわれた?――

●ひらひら武者めくように

戦国時代の兵士は、ふだんは農耕に従事している農兵が多かったので、田植えや稲刈りのある農繁期《のうはんき》には兵を集めることができず、戦争は農閑期《のうかんき》におこなわれた――という話を聞いたことのある人は、多いのではないだろうか。

たとえば上杉謙信は、永禄《えいろく》三(一五六〇)年に初めて本格的に関東に兵を出して以降、毎年のように関東侵攻(いわゆる越山《えつざん》)を繰り返している。秋から初冬に関東に入って各地を転戦しながら越冬し、春先に越後に帰る、というパターンをとっていて、まるで渡り鳥だ。なるほど、謙信は稲刈りが終わった後に兵を集め、田植えが始まる頃には帰国して、兵たちを農村に戻していたように思える。

あるいは、北条氏が豊臣秀吉の侵攻に備えて、領内一円に出した文書が多数残っている。それらをみると、村や町ごとに成年男子の名簿を提出して徴兵に備えろ、旗指物《はたさしもの》が「ひらひら武者めくように」仕度してこい、何月何日に軍事教練をおこなうから最寄りの城に集合しろ、などと通達している。

これを読むと、北条氏は戦国の最末期になっても農兵を大量に動員していたことになる。やはり、戦国の兵士は半農半士だったのだろうか。以下の話は旧暦に従っているので、現在とは一月ほど季節感がズレることを頭に入れて、お読みいただきたい。

●越山の季節

よく調べてみると、謙信が最初の越山を終えて帰国したのは、永禄四年の六月末である。いくら雪国の春は遅いといっても、旧暦の六月（現在なら七月）では田植えはとっくに終わっている。一方、謙信にやられた北条氏の側も、八月から九月には巻き返しに出て、謙信側になびいた武蔵の武将たちに報復攻撃をおこなっている。

しかも、ちょうど同じ頃、謙信は信濃の川中島に出陣して、武田信玄と大激戦を演じているのだ。いわゆる第四次川中島合戦である。つまり、北条軍も上杉軍も武田軍も、稲刈りの時期に戦争をおこなっていたことになる。

では、前後五回に及ぶ川中島の合戦はどうだっただろうか。まず、両軍の挨拶代わりとなった第一次合戦は、天文二二（一五五三）年の八月から九月にかけてだ。天文二四（一五五五）年の第二次合戦は、四月に両軍が川中島に出陣して対峙《たいじ》し、七月に一旦衝突した後、再び膠着《こうちゃく》状態となって、閏《うるう》一〇月に今川義元の調停によって双方とも撤退している。

弘治《こうじ》三（一五五七）年の第三次合戦では、武田軍の先鋒《せんぽう》が三月下旬に川中島に向かい、謙信も四月下旬には出陣し、両軍は五か月ほど対峙したのち、九月に引きあげている。第四次合戦は前述のとおり。第五次合戦は、永禄七（一五六四）年の七月下旬に謙信が川中島に出陣し、一か月ほど遅れて信玄も出てきて睨《にら》み合いを続け、一〇月に両軍とも撤兵している。

こうした動きをみる限り、戦国大名たちは誰も、農繁期と農閑期など気にせずに戦争をしていたようだ。パッとページを戻って、前項の大名の戦死例をみてもらいたい。やはり、夏と冬の農閑期に決戦が集中していたようにはみえない。

●国家総動員体制

では、戦国大名の軍隊は、ある時期から農繁期と農閑期を気にせずに動けるようになったのだろうか。試しに、戦国大名の草分け的存在である伊勢宗瑞《いせそうずい》（北条早《ほうじょうそう》雲《うん》）の作戦行動を、わかっている範囲で追ってみよう。

まず、明応《めいおう》四（一四九五）年と同七年の甲斐《かい》侵攻がいずれも八月。甲斐へは文亀《ぶんき》元（一五〇二）年にも兵を出しているが、これが九月。永正九（一五一二）年の相模岡崎城攻略が八月、翌一〇年の三浦半島侵攻が四月。

どうみても、田植えや稲刈りのシーズンを避けてはいない。むしろ、収穫期の八月を狙って動いているようにさえみえる。どうやら、戦国大名の軍隊は、最初から農兵などに基礎を置いていなかったらしい。

最初に書いた北条氏の徴兵の話も、よくよく調べてみると、豊臣政権との戦争が避けられなくなってから、領民の動員に関する文書が急に、大量に出されるようになったことがわかる。未曽有の大戦争を前にした「国家総動員体制」が施行されていたわけだから、かなり例外的な措置と考えるべきだ。

こうした話が、よく検証もされないまま、戦国時代の兵士は農兵主体だったという誤ったイメージが流布されてきたのである。

戦場にはなぜ旗をたくさん立てたのか？――

●戦場を彩る旗指物

戦国時代を描いたドラマや映画をみていると、軍陣にも城にもたくさんの旗が立ち並んで、風にひらめいている。兵士たちも、めいめいに旗指物を背負っている。合戦図屛風《びょうぶ》などをみても、色とりどりの旗指物が描かれている。

戦国時代の戦場が旗指物に彩られていたことは、文書からも読みとれる。武田氏や北条氏は、家臣たちの一人一人に対して、参陣するときの武装の種類と数量を文書で指定していた。馬上（騎馬で参陣する武士）何騎、鑓《やり》何本、鉄炮《てつぽう》何挺、弓何張の兵を連れてこい、という具合だ。そうした通達書には必ず、旗何本と指定されているのだ。

たとえば、天正五（一五七七）年に岩付衆《いわつき》――武蔵の岩付城を本拠とした軍団――の編成を書き上げた文書をみると、総勢一五八〇人のうち、旗が一二〇本もあ

戦国時代の軍陣や城には色とりどりの旗指物が、にぎにぎしく立っていた。写真は群馬県の名胡桃城（著者撮影）

る。これを三人の奉行が担当することになっているから、岩付衆全体の七・六パーセントが旗部隊だったわけだ。

この文書では、鉄炮が五〇、弓が四〇となっているから、弓・鉄炮を合わせた飛び道具より、旗の方が多かったことになる。どうやら、戦国時代には旗指物も重要な兵器だったらしいのである。

もちろん、兵士が背負う指物はこれとは別で、各自が携行している刀と同様に個人装備だ。では、なぜそれほどまでに旗指物が必要だったのだろう。

●戦場での判断材料

当たり前の話だが、戦国時代には無線も野戦電話もない。そんな戦場で、状況判断を下すための材料は、自分の目に入ってくる情景と、耳で聞こえる音、鼻でかぐにおいである。そんな戦場で、敵味方入り乱れて戦っている時に、何を材料に戦況を判断すればよいのか。

乱戦の中に身を置くと、どうしても姿勢が低くなる。鑓をかまえれば腰が落ちるし、敵に足元をすくわれないよう気をつけていると、視線も下がりがちだ。そうして戦っているうちに、周りが敵だらけになることもある。

自分の隊（備《そなえ》という）が押されて、自分だけ敵中に孤立しているのか。それとも、隊そのものは優勢なのだが、たまたま自分の周りに敵が多いだけなのか。全軍が崩れかけているのに一人だけ意気がっていたら、命がない。かといって、全体が押し気味に戦っているときに、自分だけ後ろに引いたら、臆病者・裏切り者の烙印《らくいん》を押されてしまう。

そんな時に状況判断の指標になるのが、旗なのだ。自分の周りが敵だらけでも、少し先に味方の旗が固まっていれば、切り抜けようはある。全軍入り乱れての激戦になっても、本陣に旗が整然と立ち並んでいれば、味方はまだ崩れていないと判断できる。

全軍を指揮する総大将の立場で戦況を把握する場合も、旗が判断材料となる。敵味方が入り乱れているようでも、旗の動きをみていれば、どの隊が優勢なのか劣勢なのかは、一目瞭然《いちもくりょうぜん》だ。

さらに、戦国の武士たちには、めいめい指物を背負わなければならない、切実な理由があった。戦功認定である。武士たちが戦場で体を張って戦う最大の目的は、自分の所領に対する支配権を認めてもらうことや、手柄を立てて新しい所領をもらうことだ。

だとしたら、何野誰兵衛がいつどこで、どんな手柄を立てました、と証明する必要がある。敵の首を切り取って持ち帰るのも戦功の物証とするためだが、戦場での働きは敵を討ち取ることだけではない。

誰よりも先に敵陣に斬り込んだり、劣勢の状況でも鑓をふるって敵を押し返したり、あるいはたくみに走り回って敵陣を切り崩したり、といった活躍だってある。そうした活躍を上司や大将に認めてもらったり、戦友どうしで確認し合うためにも、旗指物は不可欠だったのだ。

なので、彼らは遠くからでも一目で誰かわかるように、旗指物のデザインに強烈な自己主張を込めた。現在のマラソン競技で、給水ボトルにカラフルな小旗をつけているのをみると、ああ、戦国時代の武士たちと同じだなあ、と思ってしまう。

●実用兵器としての旗指物

それから、前項で出てきた「旗指物がひらひら武者めくように仕度してこい」と領民に命じる話。北条軍の兵士らしく威容を整えろ、というような単純な精神論ではない、と僕は思う。

たとえば、あるエリア内に、戦略拠点となる重要な城があって、まわりに支城がいくつか築かれている。支城の役目は、見張りや警戒、連絡や中継のポイントだ。このような場合、主力部隊に領内から徴発した民兵を混ぜて、水割りみたいにした部隊を各所にバラ撒いたら、全体が弱体化してしまう。支城は民兵部隊中心で守らせて、主力部隊は戦略拠点に集結させた方が、拠点を持ちこたえられるし、反撃にも出やすい。

そんな時に、支城にムシロ旗が立っていて、野良着《のらぎ》のおっさんが城門の前をウロウロしていたら、民兵部隊が守備についていることが一目でバレてしまう。となったら、城を落とすにしても精鋭の大部隊を差し向ける必要はないし、少数の兵を押さえに当てておくだけでも城を無力化できる。つまり、敵に作戦上の自由を与えてしまうわけだ。

けれども、ソコソコの部隊が守備しているようにみえれば、敵も慎重にならざるをえない。だから、中身は民兵でも、遠目には武士っぽくみえるよう外見を整えろ、といっているのだ。

戦国の旗指物は、戦場を彩る飾りなんかではなく、れっきとした実用兵器だったのである。

足軽は戦国日本の海兵隊か?

●足軽とは何者か

総動員体制下の大名領国では、大々的な民兵の徴発がおこなわれる場合があった。かといって、戦国の兵士たちは決して農兵主体ではなかった。では、戦国の兵士たちは何者だったのか。ここで気になってくるのが、足軽と呼ばれる兵たちだ。一般に足軽というと、陣笠と簡単な腹当てを身につけた下っ端の兵士、という姿をイメージする。では、彼らは農兵ではないのか。領内から徴発される民兵と足軽は、どう違うのか。

実は、足軽が何者かについては、研究者の間でいろいろな意見があって、はっきりした定説がないのが現状なのである。足軽が本格的に戦場で使われるようになった画期《かっき》は応仁の乱であるが、このときの史料を読むと、金で雇われた傭兵《ようへい》のように書かれている。彼らは、陣地の構築や放火・略奪などの任務に使われており、その意味ではゲリラ的でもある。

一方、戦国大名たちの残した文書をたどってゆくと、足軽は特定の任務に就く場合が多いようだ。他国への軍事介入に派遣されたり、交通路の封鎖や、通行料の取り立てに当たっている場合も確認できる。そこで、普通の部隊とは違った任務を与えられるコマンド部隊のような存在ではないか、という意見が出てくる。

それから一章で、作戦参謀と思われてきた山本勘助《かんすけ》は、実際には武田軍の足軽大将《あしがる》だった、という話を書いた。ここで僕は、武田軍の足軽衆は当主直属の傭兵部隊だったらしい、と予告しておいた。

どうも、足軽にはいろいろな「顔」があるようだ。単なる下級兵士なのか、傭兵なのか、ゲリラなのか、コマンドなのか。足軽の定義を、このどれかに当てはめることがそもそも無理なのだと、僕は思っている。

●海兵隊とは何者か

現在のアメリカ軍は、陸軍・空軍・海軍・海兵隊の四軍からなっていて、在日米軍なら岩国や普天間《ふてんま》に海兵隊の基地がある。この事実は、皆さんもご存じのことと思う。海兵隊は、英語ではマリーン・コー（Marine Corps）という。では、海兵隊とはなんなのか、陸軍や海軍とはどう違うのか、と聞かれると、一発で即答できる人はそう多くはないだろう。実は、海兵隊とは何か一言で概念規定するのは、非常に難しいのだ。以下、少々長くなるが海兵隊の説明にお付き合いいただきたい。

その昔、船がまだ帆を張って走っていた時代、軍艦にはセーラー（sailor）とマリーン（marine）という二種類の兵が乗っていた。日本語ではセーラーを水兵、マリーンを海兵と訳す。このうち、水兵は主に船を動かすのが仕事で、海兵は戦闘に従事する兵だった。

というのも、当時の大砲は射程が短く、砲弾も鉄製のボウリング球みたいなものだったから、木製の帆船を砲撃で沈めることはなかなかできなかった。そこで、相手の船に至近距離まで接近して銃を撃ち合ったり、さらには接舷《せつげん》して斬り込んだりといった戦い方をする。ゆえに、水兵と海兵が別々に必要だったわけだ。島や敵地への上陸も、海兵の出番だ。

ところが、近代に入って軍艦が内燃機関で走る鋼鉄製になり、大砲の性能も飛躍的にアップすると、銃撃戦や斬り込みはなくなっていった。つまり、海兵の出番が激減して、基地の警備くらいしか仕事がなくなったのだ。当然、軍の中には海兵不要論が出てくる。たいがいの国の軍隊は、ここで海兵隊（または海軍陸戦隊）を大幅に縮小していった。

●陸戦から宇宙まで

この事態に危機感を抱いて、組織として生き残りを図ったのが、アメリカの海兵隊だった。彼らは、第一次大戦では最激戦地に率先して飛び込んで勇敢に戦い、賞賛を浴びた。だが、大戦が終わると、やはり海兵隊不要論が台頭する。確かに彼らは賞賛に値する戦いをしたが、それは本来は陸軍の仕事でしょう、と。

そこで彼らは、自分たちの持ち味を生かし、来《きた》るべき太平洋での戦いを見越して、上陸戦のための水陸両用部隊に特化することを目ざした。この生き残り策は図に当たり、第二次大戦では島伝いの反攻作戦で日本軍を圧迫することになった。

ところが、大戦が終わると、やはり不要論が出てくる。それなら、陸軍の中に水陸両用部隊があれば済むんじゃないの、あえて独立した組織とする必要はあるのか、というわけだ。

そこで、当時実用化が進んでいたヘリコプターに目をつけた。つまり、ヘリボーン（ヘリコプターによる強襲）を主体とする水陸両用部隊となるのだ。ベトナム戦争の映画をみると、海兵隊がヘリコプターでバラバラと降りてくるのは、こうした経緯によるものだ。

さらにベトナム戦争が終わると、水陸両用戦やヘリボーンで培ったノウハウを生かして、海外への緊急展開部隊として自分たちを位置づけ直すことにした。アメリカが「世界の警察官」を自任する以上、緊急展開部隊の需要は大きいからだ。岩国と普天間に海兵隊が駐留しているのも、以上のような歴史的経緯の所産なのである。

ちなみに、『エイリアン2』というSF映画では、植民惑星の住民をエイリアンから救うため海兵隊が派遣されるという設定になっている。上述のような歴史的経緯を知ったうえでみていると、なかなかリアルで、なるほど宇宙時代の海兵隊はこうなるのかも、と思ってしまう。

●概念規定の限界

海兵隊の話を長々書いたのには、わけがある。軍事の分野では、一つの言葉を単一の概念規定では説明できない例が、往々にしてあるのだ。一つの言葉が、時期や地域によって違う意味で使われていたり、歴史的経緯に沿ってコンセプトが変わっていったりするからだ。その典型が、「海兵隊」なのである。他にも「マスケット銃」「戦闘爆撃機」「フリゲート艦」あたりが、そうだ。

僕は、日本の「足軽」も同じだと思う。時期や地域によって、「足軽」の実態が一様ではないので、いくら史料に基づいて実証しようとしても、一発で概念規定ができない。

そしてこの場合、「時期や地域によって」というのは、要するにニーズの問題なのである。

もともと「足軽」とは、軽装で走り回る非正規兵、みたいなニュアンスで使われていた言葉だ。ゲリラに近いニュアンスといってよい。中世社会では甲冑《かっちゅう》を着た重装備の武士が正規軍の主力になる。甲冑などの重装備や軍馬はコストがかかるから、自前で用意できるのは支配階級に属する人間だ。だから、非正規兵は必然的に軽装になる。

こうした軽装の非正規兵を金で大量に雇うようになったのが、応仁の乱である。京で泥沼のような市街戦を演じることになった東西両軍は、市中にあふれていたガラの悪いフリーターやゴロツキ連中を金で雇って、陣地構築や放火・略奪といった汚れ仕事に使った。陣地構築は、土木作業だけでなく資材の調達を伴うから、略奪とセットの仕事なのだ。

こうして、傭兵としての足軽というニーズが生まれた。

●足軽のニーズ

ここからは史料では実証しきれない領域なので、推論を交えて話を進める。応仁の乱が勝敗のつかないまま自然消滅し、京に集まっていた諸将が地方へ引きあげたり、幕府関係者が地方へ脱出したことによって、足軽を傭兵として使う手法が、地方へ拡散することになった。

やがて、戦国争乱が本格化してくると、戦国大名たちは兵力の調達に意を用いるようになる。傭兵としての足軽が、彼らの軍事力に組み込まれるのは時間の問題だったろう。

江戸時代に描かれた
足軽鉄炮隊による射撃

そして、傭兵と呼ばれた者たちの常として、足軽もまた正規軍には任せにくいような、汚れ仕事に投入されていった。戦国の足軽が、特定の任務に当たるコマンドのようにみえるのも、そのためであろう。他国への軍事介入に傭兵部隊を使うのは、現代でもみられるやり方だ。

ただ、金で雇われるという立場ゆえに、戦国大名軍の足軽は当主直轄部隊という性質も併せもつことになった。大名家当主が重臣を通さずに動かせるから、タスクフォース的に活用できるのだ。一章で見た山本勘助などは、このパターンだ。

大名の動員に応じる家臣たちも、兵力の調達に苦労するのは同じだ。戦争が続けば武士たちはどんどん消耗してゆくからだ。不足する兵力を補うために、金で足軽を雇うようになるのは、自然な流れだっただろう。こうして足軽は、雑兵と同じ意味も持つようになり、下っ端の軽装歩兵というイメージが定着していった。

戦国日本の足軽は、アメリカ海兵隊のような国家規模の組織ではない。けれども、時代ごとのニーズに対応しながら融通無碍《ゆうずうむげ》に変化していった、という点では共通する。何かと定義や概念規定から出発したがる頭の固い歴史学者が、足軽の実態を捉えきれなかったのは、それゆえなのだろう。

参考文献　野中郁次郎『アメリカ海兵隊』（中公新書、一九九五）

戦国の非正規雇用兵とは?――

●正社員とアルバイト

戦国時代の軍隊には、武士と、足軽・雑兵《ぞうひょう》という二種類の兵がいた。彼らの最大の違いは出自、つまり社会的に属する身分である。

武士は、自分で所領を持ち、そこからの年貢収入で暮らしている支配階級だ。彼らは基本的には「武」を生業《なりわい》とする家に生まれた者だから、子供の頃から戦士として育てられる。支配階級に属しているから栄養状態もよく、概して体格にも恵まれる。得手不得手はあっても、ひととおりの武芸と読み書きを仕込まれ、武器も防具も軍馬も自前でそろえる。

彼らは、戦国大名のような主君から所領の支配権を保障してもらい、主従関係を結んで家臣となる。その代償として、主君の動員に応じて軍務につき(軍役《ぐんやく》という)、手柄を立てれば新しい領地をもらって出世する。

もちろん、大きなヘマをすれば領地没収・追放処分になるし（要するにクビ）、逆に家臣の方で主君を見限って出ていく場合もある（要するに転職）。第一章で話したように、出向や引き抜きもあった。

ただ、隠退《いんたい》すれば所領は息子への相続が保障されるし、戦死すれば遺族には手当も出るから、終身雇用といってよい。主君である大名の側からみると、武士は正社員のようなものだ。頑張りや忠誠心を期待できる半面で、終身雇用を保障しなければならないから、高コストともいえる。

一方の足軽・雑兵は、大名や家臣に金で雇われる立場だ。指揮官クラスは武士身分だが、それ以外は被支配階級、つまり年貢を納める側の出身だから、体格は概して武士より貧弱で、教養もない。武器の扱いも自己流か見よう見まねだから、個人としての戦闘力では、本職の武士に及ばない。

出身身分や戦闘能力は問わないから、簡単に雇ってもらえる代わりに、死ねばそれまで、ケガをしたって補償があるわけではない。となれば、命がけで戦うよりは、命あっての物種、という処世術になるのは当然だ。

合戦で目立った手柄を立てれば褒美《ほうび》が出るが、雇う側も大活躍や忠誠心を期待しているわけではない。逃げずに頭数のうちに入っていてくれればよい、くらいに思っている。要するに、非正規雇用のパート・バイト兵というわけだ。

だから、戦争が終わって次の予定がなければ、暇を出されることもある。足軽・雑兵は、戦争という戦国時代の〝主要産業〟における、雇用の調整弁を担っていたわけである。

●悪魔のサイクル

では、そんな足軽になる者たちが、どこから湧いて出たのかというと、これがよくわからない。文書や記録には「足軽」という言葉は出てくるが、彼らが何者かは書かれてないからだ。

なぜ書かれてないかというと、文書や記録といった文字史料は、支配者の立場で作られるからだ。支配者たちが気にしているのは、鑓や旗を持たせて兵として使えるかどうかであって、下っ端の有象無象《うぞうむぞう》がどこの馬の骨かなんて、どうでもよいことなのである。

おそらく、彼らの出自はさまざまだったろう。食い詰めた農民、借金で首が回らなくなった町人、泥棒や博徒《ばくと》くずれ、落ちぶれた武士の息子、浮浪者などなどが考えられる。要するに、その日暮らしのフリーターや失業者のような連中が、当座の食い扶持《ぶち》を得るために、足軽稼業に身を投じるのだ。

そして、戦国時代にはこういう人たちがいくらでもいた。なぜなら、戦国時代だからだ。戦争をすると、田畠が荒らされたり、町が焼かれたりする。戦いの巻き添えを食って死ぬ農民や町人もいるし、街道の封鎖や穀物の買い占め（兵粮用）だって日常茶飯事だ。となると、産業を支えていたサプライチェーンも寸断されるから、いろいろな職種で食い詰める人たちが大量に出る。

こうして、大量に発生したフリーターや失業者たちの受け皿となるのが、足軽稼業なのである。そうして足軽稼業に身を投じると、今度は放火や略奪、街道封鎖をおこなう側になる。その結果、また大勢の人が食い詰め……。

軍事学ではしばしば「戦争が戦争を養う」という慣用句が用いられる。戦争をするためには強力な軍隊が必要だが、強力な軍隊を維持するにはコストがかさむ。そのコストを平時の国家財政で賄《まかな》うのは大変なので、領地や経済圏を拡大する必要が生じて、次の戦争が始まる、という悪魔のサイクルが成り立ってしまうのだ。

戦国社会と足軽の関係は、戦争が戦争を養う悪魔のサイクルそのものなのである。

「鉄砲」と「鉄炮」はどう違う？

●「砲」と「炮」

金属製の筒から、火薬の爆発によって小さな弾丸を発射する武器のことを、ふつうは鉄砲という。でも、僕はこの本で「鉄炮」という表記を使ってきた。これは、戦国時代の文書や記録では火偏の「鉄炮」を使っていることが多いからなのだが、もう一つ、理由がある。

戦国時代の日本で使われたテッポウと、近代的な銃砲との間には、構造や使い方などに大きな違いがあって、ひとくくりにはできないからだ。そこで僕は、戦国時代の日本で使われたタイプに限って、文書と同じように「鉄炮」の表記を用いることにしている。

では、戦国時代の日本で用いられた鉄炮は、近代的な銃砲とはどのように違うのだろうか。

戦国時代の日本で使われた鉄炮が、火縄で火薬を発火させる火縄銃というタイプだということは、皆さんもご存じだろう。火縄銃では、火薬と弾丸を別々に銃に装《そう》塡《てん》することも、たぶんご存じだと思う。正確にいうと、弾丸を発射するための火薬とは別に、点火薬が必要だ。

というのも、火薬は粉が細かいほど着火しやすいが、爆発力は弱くなってしまうからだ。弾丸を発射できるだけの爆発力を得るためには、粉末というより顆粒《かりゅう》くらいに調合する。けれども顆粒では着火しにくいので、別に目の細かな点火薬が必要になるわけだ。

この点火薬を入れるスポットを火皿《ひざら》と呼び、火皿に不用意に火の粉が落ちて暴発しないためのカバー、すなわち安全装置が火蓋《ひぶた》だ。火薬と弾丸を銃に装塡するときは、火蓋を閉じておかないと暴発の危険があるので、火薬と弾丸を装塡してから火蓋を開ける。

こうして、安全装置を解除して発射態勢に入ることを「火蓋を切る」という。したがって、「合戦の火蓋が切られた」という表現は正しいが、「合戦の火蓋が切って落とされた」は誤用である。火蓋を切って落としたりしたら、そこら中で鉄炮が暴発して、敵と戦うどころではなくなってしまう。

●筒を立てる

近代的な銃砲では、火薬は薬莢《やっきょう》というカートリッジで弾丸と一体になっている。薬莢には雷管《らいかん》という発火装置が仕込んであって、先の尖《とが》ったハンマーのようなもの（撃針）で薬莢のお尻をたたくことで、火薬が爆発する仕組みになっている。

このあたりの話は、おおむねイメージできると思う。この本を読んでいる人なら、火縄銃は近代的な鉄砲と違って弾込めに時間がかかることも、ご存じだろう。でも、鉄炮と鉄砲の違いは、それだけではないのだ。

近代的な銃は、銃身のいちばん後ろのところ、つまりかまえた時の手元側から弾を装塡する。このタイプを、元込め式とか後装式《こうそうしき》という。

対して火縄銃は、一回一回、銃身の先端から火薬と弾丸を押し込まなくてはいけない。先込め式とか前装式と呼ばれるタイプだ。また、火薬がバラのままだと、うまく爆発しないし、当時の火薬は性能がよくないので、発射すると銃身の内側に火薬カスがこびりつく。

そこで、一発撃ったら、まず槊杖《さくじょう》（カルカ）という棒を使って火薬カスをこそぎ落とし、次の火薬と弾を筒先から入れて、槊杖で突き固めなくてはいけない。これだけでも充分に面倒だが、実際にはさらに、火蓋の開閉や火縄のセットという手順が加わる。

だから、弾込めに時間がかかるわけだが、もう一つ大きな問題がある。弾込めの時に、いちいち銃身を立てなくてはいけないのだ。これが何を意味するのかというと、伏せ撃ちができない。いや、できなくはないが、一発だけだ。

戦争映画のシーンみたいに、物陰から飛び出したらパッと地面に伏せて銃を撃ち、匍匐《ほふく》前進していってまた撃つ、みたいな戦い方はできないのである。というより、近代になって銃が元込め式に進化したことによって、走って伏せて撃つ、匍匐前進しながら撃つ、という戦い方が発明されたのである。

●ナックルボールの軌道

もうひとつ、近代的な銃砲と戦国時代の火縄銃には、決定的な違いがある。銃身の構造である。現在の銃弾は、細長くて先の尖ったロケットのような形をしている。片や火縄銃の弾は、パチンコ玉のような球形だ。歴史的にみると、銃弾はパチンコ玉のような球形からロケット型へと進化してきたのだ。この進化が、銃身の構造と密接にかかわっている。

というのも、近代的な銃砲の銃身や砲身は、ただの鉄の筒ではないからだ。内側に螺旋《らせん》状の溝（旋条《せんじょう》）が刻んである。この旋条を英語でライフルという。「ライフル銃」とは、本来は銃身の内側に旋条を刻んだタイプの銃、という意味なのだ。

このライフル式の銃身に、ロケット型の銃弾を装塡して火薬を爆発させると、弾は溝に沿って回転するから、スピンがかかった状態で銃口から飛び出し、遠くまでまっすぐ飛ぶ――専門的ないい方をすると、弾丸の旋転《せんてん》によって弾道が低伸する。刑事ドラマでよく出てくる「旋条痕《こん》」というのは、弾丸がライフルでこすれてできた痕跡のことだ。要するに、細長いロケット型の銃弾は、ライフル式の銃身に対応する形として発達したものなのだ。

一方、パチンコ玉みたいな弾を使う戦国時代の火縄銃は当然、すっぽんぽんの、ただの筒である（滑腔《かっこう》式という）。発射される銃弾は旋転しない（規則的なスピンがかからない）から、弾道が低伸しない。野球のナックルボールのような〝ブレ球〟の軌道を描くことになる。

もちろん、ブレ球だって鉛弾だから、当たればタダでは済まないが、火縄銃から発射される弾は、射距離が少しでも延びると命中率が急激に下がってしまう。しかも、不規則に回転するブレ弾なので、どの方向にどれだけ弾道がそれるかは、撃ってみないとわからない。

当たれば人が死ぬ、という意味でなら、火縄銃でも一〇〇メートル以上の射程は得られただろう。ただ、人間サイズの目標に命中が期待できる距離となると、ぐっと縮まる。実戦で命中が期待できる距離は、おそらく三〇メートルくらいだっただろう。

●構造の違いが生み出すもの

火薬と弾丸がバラバラなのと薬莢式。先込め式と元込め式。球形の銃弾と先の尖った銃弾。銃身の滑腔式とライフル式。戦国日本の火縄銃と近代的な銃砲との間には、これだけの構造上の違いがある。しかも、こうした構造の違いは、面倒とか便利という次元を超えて、戦い方の違いを生み出す。

にもかかわらず、「鉄砲」というどっちつかずの言葉を使うと、両者の違いがあいまいになってしまう。あ、火縄銃ね。今の鉄砲と違って弾込めに時間がかかるんだってね――そんな認識で済ませてほしくないから、僕はあえて「鉄炮」と書き分けたいのだ。

戦国時代の主力兵器とは？

●鉄炮の装備率

「戦場にはなぜ旗をたくさん立てたのか？」の項で、天正五（一五七七）年における北条氏の岩付衆の例を挙げた。ここで、弓・鉄炮を合わせた飛び道具より旗の方が多い、という事実に驚いた読者もいるのではないか。総勢一五八〇人のうち鉄炮は五〇挺で、単純計算すると鉄炮装備率はたったの三パーセントしかない。

この事例で書き上げられているのは、岩付衆に編成されている家臣たちの動員数だから、他に岩付城主直属の鉄炮隊があったはずだし、必要に応じて小田原の本家から増派されることもあっただろう。実際に出陣する岩付衆は、もう少し鉄炮装備率が高かったと思う。

とはいえ、仮に三倍の鉄炮をそろえたとしても、装備率は一〇パーセントそこそこだ。この岩付衆の事例に限らず、戦国時代の軍事関係の文書をみてゆくと、鉄炮装備率はせいぜい二〇パーセントくらいにしかならないようだ。歴史的にみると、文禄《ぶんろく》・慶長《けいちょう》の役（朝鮮出兵）以降は鉄炮装備率が上がるのだが、それ以前は、だいたいどこでも似たり寄ったり、という印象を受ける。

鉄炮は、大きな威力を秘めてはいたが、主力兵器と呼べる存在ではなかった。

●最大勢力としての鑓

では、戦国時代の主力兵器はなんだったのかというと、間違いなく鑓《やり》である。例の岩付衆をみても、総勢一五八〇のうち鑓は約六〇〇と、三八パーセントを占めて最大勢力である。

鑓の次に多いのは、「馬上《ばじょう》」五〇〇騎となっているが、これは少々説明を要する。戦国時代に「馬上」と呼ばれたのは、馬に乗って従軍する武士身分の者という意味で、騎兵とは違う。馬上の者たちも、合戦の時には馬から下りて徒歩で戦う場合が多かったからだ。もちろん、偵察や連絡任務、追撃戦の時などは乗馬するが、乗馬戦闘を基本とする騎兵とは本質的に違う。

では、この馬上の者たちは何で戦っていたかというと、やはり鑓である。つまり、鑓六〇〇と計上されているのは足軽・雑兵たちで、いわば軽装歩兵だ。他に、鑓を装備する武士身分の重装歩兵が五〇〇いたわけである。実際には足軽・雑兵（軽装歩兵）が装備しているのは長柄《ながえ》と呼ばれるタイプの長大な鑓で、馬上の者たちが持つ鑓は、もう少し短い。

とはいえ、両者を合わせると一一〇〇人が鑓を持っていたことになるから、装備率は七〇パーセント。他の大名の例を調べても、だいたい同じような傾向――全体の五～七割くらい――になる。戦国時代の主力兵器は、間違いなく鑓であった。では、なぜ鑓が主力兵器になったのだろうか。

●鑓の威力

もともと、武士が持つ武器の代表は弓矢だった。源平合戦の頃には、戦場の主役は弓矢だったから、武士の生き方を「弓馬《きゅうば》の道」と呼んだりしていた。戦国武将たちが書いた手紙でも、戦争のことを「弓矢」といったり、武将のことを「弓取り」と呼んだりしているのは、その名残である。

ところが、戦国時代になると、戦場での活躍のことを「鑓働き」といったり、敵陣に真っ先に乗り込む手柄を「一番鑓」と呼ぶようになってくる。武器の中で鑓の存在感が高まっていたからだ。なぜだろうか。

鑓が戦場で使われるようになったのは、南北朝時代くらいからであるが、主力兵器にはならなかった。当時の鑓は、長さが薙刀《なぎなた》と同じくらいだったからだ。長さが同じだと、振り回しのきく薙刀の方が個人対個人のチャンバラでは有利なのである。

ただし、鑓には大きなメリットがあった。鎧《よろい》に対する貫通力がすぐれていたのである。日本の鎧は、小札《こざね》という革か金属の小さな板を、紐《ひも》で綴《と》じ合わせて作る。この時、小札どうしが重なり合うように綴じてゆくので、上から刃物で斬りつけられても防ぐことができる。刀や薙刀で鎧に斬りつけても、刃がこぼれるだけで相手に致命傷を与えることはできないのだ。

というより、刀の攻撃を防ぎながら動きやすくするための工夫として、鎧はそうした構造になっているのだ。ところが、鑓で強く突くと、小札が破断して貫通を許してしまう。とくに小札を重ね合わせる構造上、下からの突き上げにはどうしても弱い。どうも、こうしたメリットが注目されたらしい。戦国時代に入ると、鑓は刀や薙刀をアウトレンジできるよう長大化することによって、主力兵器の座を占めるようになっていった。

問題は、その長さだ。先ほど、鑓には二種類あって、足軽・雑兵の装備する長柄と呼ばれる鑓の方が長い、と書いた。では、どのくらい長いかというと、柄が二間《にけん》半から三間くらいはあった。これは柄の長さで、実際には穂先《ほさき》（刃の部分）と石突《いしづき》（後端にかぶせる金属部分）がつくから、もっと長くなる。戦国時代の度量衡《どりょうこう》は現在とは違うし地方によっても差があるから、一概にはいえないけれども、単純計算しても五〜六メートルあることになる。

ドラマなどでは、そんな長い物を撮影現場で振り回すわけにはいかないから、野外ロケでも二メートルくらいの鑓で済ませている。でも、戦国の足軽たちが持っていた鑓は、本当はもっとずっと長かったのだ。とはいえ、このくらいの長さになると、個人でぶんぶん振り回して使うのには無理がある。では、どうするのか。

●鑓の時代

実は、日本の室町後期から戦国時代と同じ頃、ヨーロッパでもパイクと呼ばれる長大な鑓が、戦場の主役となっていた。このヨーロッパのパイクが、日本の長柄鑓とほぼ同じ長さなのだ。だとしたら、同じような使い方をしていた可能性が高い。

そう思って、この時代のヨーロッパの戦争図をみていると、パイク部隊は剣山《けんざん》みたいに描かれている。つまり、密集隊形で使っていたのだ。これで、合点がゆく。時代劇や歴史小説によく出てくる「鑓衾《やりぶすま》」という言葉は、長柄鑓部隊が密集隊形を組んだ状態を表していたのだ。

　戦国時代には、足軽・雑兵といった、本来は武士身分でない非正規雇用兵が、大量に動員されるようになっていた。個の力でどうしても劣る彼らを戦闘部隊に仕立てるために、長柄鑓で密集隊形を組む、という戦闘法が編み出されたに違いない。

　一方、馬上と呼ばれた武士身分の者たちが持つ鑓は、もう少し短くて二間くらいのことが多い。これだと長柄よりは振り回しがきくから、彼らは足軽・雑兵のような密集隊形は組まなかったのだろう。武士、すなわち支配階級たる戦士身分ゆえの、個人技と重装備を生かして戦っていたのだろう。

　ただし、武田氏の出した文書をみると、部隊指揮官以外の武士は、戦場に薙刀を持ってくるな、と指示している。突く動作が主体の鑓と、振り回す動作の薙刀が混在すると、都合が悪いらしい。密集隊形を組むほどでなくても、全体として戦いが個人戦から組織戦の方に向かっていった様子が読みとれる。

　そうして戦い方の変化を象徴しているという意味でも、戦国時代は鑓の時代だった、ということができるだろう。

欠点も多い「鉄炮」が、なぜ急速に広まったか？――

●新兵器登場

戦国時代の主力兵器は鑓であった。新兵器として登場した鉄炮は、威力は大きいものの、本章「『鉄砲』と『鉄炮』はどう違う？」で説明したように、武器としては何かと欠点もあった。とはいえ、戦国時代の半ばに日本に伝来した鉄炮（火縄銃）が、急速に広まったのも間違いないのである。

天文二一（一五五二）年に、若き日の織田信長が斎藤道三と会見した際、弓・鉄炮あわせて五〇〇を率いていたことが、『信長公記《しんちょうこうき》』という記録にみえる。このエピソードは、二〇二〇年の大河ドラマ『麒麟《きりん》がくる』でも描かれていたので、覚えている方も多いと思う。

また、甲斐の僧が書き残した『勝山記《かつやまき》』という記録によれば、天文二四（一五五五）年に武田信玄が信濃の旭山城《あさひやま》に鉄炮三〇〇挺を配備したという。当時の旭山城は、長尾景虎（上杉謙信）とのせめぎ合いの焦点になっていたから、武田軍が最新兵器を最前線に投入する、というのは大いにありうる話だ。

鉄炮が種子島に最初に伝わったのが、天文一二（一五四三）年というから、わずか一〇年ほどの間に、この新兵器は戦国大名の間に数百挺単位で普及していったことになる。実物を使うところをみれば、先述したような兵器としての欠点には、彼らもすぐに気がついたはずだ。にもかかわらず飛びついたのは、戦国武将たちが鉄炮に何か大きなメリット（少なくとも可能性）を見いだしたからに違いない。

では、兵器としての鉄炮のメリットとは、なんだったのだろうか？

●弓矢と鉄炮

まず、日本古来の飛び道具である弓矢と比べた場合の、鉄炮のメリットについて考えてみよう。

すぐに思い浮かぶ射程や貫通力という要素は、意外に比較が難しい。実験の事例もないわけではないが、火薬の成分や使う人の技量など、条件を当時とまったく同じにそろえることができないからだ。何より、実験場での射撃と戦場での射撃とでは、事情がまったく異なる。先述したように、実戦で命中が期待できる鉄炮の距離が三〇メートルくらいだとしたら、おそらく弓矢と決定的な差はなかっただろう。

ただし、貫通力となると話は別だ。そもそも日本の鎧は、弓矢や刀剣での攻撃を防ぐようにできていたからだ。矢が鎧に刺さっても、鎧と体の間で鏃《やじり》が止まれば致命傷にならないが、鉄炮は鎧としては想定外の攻撃なので、弾が貫通してしまう。

中世にひろく用いられていた木製の楯も、矢なら防ぐことができるが、鉄炮の弾は貫通してしまう。大きな音を立て、ささくれ立った木っ端を飛び散らせながら楯を貫通する銃弾は、背後にいる者には恐怖だったろう。城門や建物に対する破壊効果となると、明らかに鉄炮の方が威力がある。

ただし当時の鉄炮は、弾込めに時間がかかるうえに、火縄を使うために雨や風に弱い、という不安定な性質も持っていた。火縄銃保存会に入っている人に聞いた話だが、風が強いと火口《ほくち》が飛んでしまったり、火縄があばれて暴発する危険があるので、小雨より強風の方が怖いそうだ。

対して弓矢は、速射性にすぐれている。そこで戦国時代の合戦では「防ぎ矢」といって、弓矢で鉄炮隊を援護する方法がとられた。鉄炮隊が弾込めをしている間に、敵が間合いを詰めてこないようにするため、文字通り「矢継《やつ》ぎ早《ばや》」に矢を射ることで「弾幕」を張るのである。

また弓矢は、遠くから一斉射撃をおこなって、放物線弾道を描くように矢の雨を降らせることで、面を制圧するような使い方ができる。火矢《ひや》や矢文《やぶみ》を射るという、鉄炮にはマネのできない芸当もできた。

このように、飛び道具としての鉄炮と弓矢には、それぞれに長所と短所があったのだ。しかし、こうした比較を無意味にするような画期的なメリットが、鉄炮には備わっていた。

●人件費と設備投資

弓矢、刀、薙刀、鑓——中世の戦場で用いられてきた武器は、どれも使う者の筋力や技量が、威力に直結する性質を持っていた。飛び道具の弓であれば、射程や貫通力にすぐれた強い弓を引くには、かなりな鍛錬が必要となる。

だからこそ職能戦士、つまりは戦いや殺生のプロフェッショナルとしての武士が存在価値を持ったのだ。武士とは「武」を生業とする人たちだ。支配階級である彼らは、庶民とは栄養状態も生活スタイルも違うから、幼い頃から心身を鍛え、刀・鑓・薙刀・弓・馬術など、武芸百般を仕込まれて育つ。

もちろん、この時代は庶民も普通に刀や弓矢を持っている。狩猟《しゅりょう》や害獣駆除にも使うし、何せ殺伐《さつばつ》とした時代だから、隣村との諍《いさか》いでもたちまち刀や鑓が持ち出される。ただし、彼らが振りかざす「武力」は武士たちのそれとは、威力も技量も比べものにならない。たとえていうなら、草野球のピッチャーと、プロ野球のピッチャーの投げる球のようなものだ。

ところが、火薬の爆発によって弾丸を発射する鉄炮は、ひととおりの操作をマニュアル的に覚えてしまえば、誰でも同じ威力を手にできる。銃身をかまえるだけの体力と、人並みの視力さえあれば、百姓だろうが失業者だろうが、戦力になれるのだ。しかも、百戦錬磨の剛勇の武士を、離れた場所から一撃で倒すことができる。

もちろん、鉄炮はとびきり高価な武器だ。入手ルートだって限られていたから、庶民がおいそれと買うわけにはゆかない。でも、資金力のある大名や大寺社が鉄炮を買って、金で雇った傭兵に持たせせたら……。

時は戦国乱世。町が焼かれたり、田畠が踏み荒らされたりして、食い詰めた者や、その日暮らしのフリーターなど、掃いて捨てるほどいる。その連中を金で集め、いや、金など大して払わなくても、メシを食わせてやるといえば集まってくる。彼らをアルバイト兵として雇い、鉄炮操作マニュアルをたたき込めば、戦力になる。鉄炮足軽のできあがりだ。

本章「戦国の非正規雇用兵とは？」の項で説明したように、武士は「個の力」は大きいけれども、家臣として抱える大名の側からみれば、終身雇用のコストがかさむ。対して、鉄炮足軽の場合は、鉄炮という設備投資にはコストがかかるが、人件費は格安で済む（弾薬はランニングコストとしてかかるが）。雇う側からしてみれば、もともとどこの馬の骨かわからないような連中だから、死のうが負傷して障碍《しょうがい》が残ろうが、痛くはない。

つまり、初期投資と引き換えに、格安の人件費＋マニュアル訓練で大きな戦力を得られるのが、鉄炮という武器の画期性だったのである。打ち続く戦いの中で、常に消耗した戦力の補充を考えなければならなかった戦国大名たちが鉄炮に飛びついたのは、当然だったのだ。

戦国武将はロジスティクスをどう解決したか？——

●太閤殿下の爪のアカ

武士であれ足軽であれ、生きていれば腹が減るのは同じだから、大勢の兵を動かして戦争をするためには、大量の兵粮《ひょうろう》が必要となる。そこで、ロジスティクスという観点から戦国合戦を考えてみよう。

もともと中世の武士は、自分の所領を治める自営業の戦士だから、従軍する時は武器も馬も人員も、宿営用の道具なんかも、一式持参するのが原則である。プロのカメラマンが、カメラ・交換レンズ・三脚・ストロボなど一式自前でそろえているのと、同じ原理だ。

兵粮も同じ。一族郎党を率いる武士たちは、自分たちの食料を持参するのが原則だった。ただ、戦争が長引くと持参した分だけでは賄《まかな》えなくなるから、現地で商人から買いつけたりしてしのいだ。

戦国時代に入ると、大名どうしの戦争が恒常化して作戦が複雑になり、人や部隊の配置や動きも複雑になって、これまでの方法では賄いきれなくなってきた。そこで、拠点となる城に兵粮を備蓄したり、後方で大量に買いつけて前線に送り込んだり、といった工夫がなされるようになった。補給の選択肢が増えたわけである。とはいえ、長期間にわたる大がかりな遠征ともなると、やはり補給は大変である。

戦国のロジスティクスについて考えるときに、もっとも興味深い題材は、豊臣秀吉による天正一八（一五九〇）年の小田原攻めだ。この戦いについて書かれた本には、たいがい次のような説明が出てくる。

小田原を本拠とする北条氏は、秀吉が大軍で攻め寄せてきても、長期戦に持ち込めば敵は兵粮に窮して退却するだろう、と踏んでいた。ところが、豊臣軍は二〇万もの大軍を動員しながら、膨大な兵粮と多数の輸送船を用意して、万全の補給態勢を整えた。豊臣軍の経済力と補給能力をみくびっていた北条軍は、目算が狂って手詰まりに追い込まれたのだ、と。

小田原攻めにおける豊臣軍の補給態勢は、こうした方法を組織的・大々的に遂行した成果、ということになりそうだ。補給を甘くみてガダルカナルやインパールで敗退した大日本帝国陸海軍は、太閤殿下の爪のアカを煎じて飲んでおくべきだった、といいたくなるところではあるのだが……。

●不都合な証言

ルイス・フロイスというポルトガル人宣教師が書き残した、『日本史』という記録がある。その中で、フロイスは小田原攻めについて、〝不都合な事実〟を証言しているのだ。いわく、豊臣軍の兵士たちは長途の行軍と兵粮不足で疲弊《ひへい》しており、戦いが長期化すれば豊臣軍は崩壊するだろう、と。

フロイスは、キリスト教弾圧に走った秀吉に批判的だったから、辛口な書き方をしたのかもしれない。ところが、不都合な証言者は他にもいるのだ。

徳川家康の家臣だった松平家忠《いえただ》が書き残した『家忠日記』という記録がある。読んでみると、小田原攻めの陣中で、下級兵士の脱走や盗難といった不祥事が続発していたことが記されている。長陣では多少の不祥事は致し方ないのかもしれない、と思って『家忠日記』の他の箇所を読んでみたが、そうした話は出てこない。小田原攻めの豊臣軍は、やはり士気が低下していた、とみてよいのではないか。

実は、豊臣軍の兵粮不足の様子は、北条側が残した史料にもみえている。豊臣軍先鋒部隊の兵士たちが、兵粮不足で山芋を掘っているとか、陣中で薄い粥《かゆ》が高値で売られているといった情報が、北条方の前線である山中城に入っていたのだ。城側では、この情報を小田原城にも報告している。

通説では、この報告は、北条方が豊臣軍の補給能力をみくびっていた証拠だと解釈していた。あるいは、相手を油断させるため豊臣方が流した謀略情報に引っかかったのだ、などと説明してきた。しかし、フロイスや松平家忠の証言とあわせて考えるなら、豊臣軍はやはり兵粮不足に陥っていた、と認めるべきだろう。

●ワクチンと兵粮の間

豊臣政権が膨大な兵粮を買いつけ、輸送用の船や馬を手配していたことは事実である。けれども、その物資を現場、すなわち前線の部隊に滞《とどこお》りなく行き渡らせることができるかどうかとなると、話はまったく別なのだ。二〇二一年に起きたワクチン騒動を思い起こさせる話だが（政府がワクチンを買いつけたのと同じ）、ここがロジスティクスの問題を考える場合のキモなのである。

物資を前線に行き渡らせるためには、何月何日の時点で、何人規模の部隊がどこにいるのか、といった「現場」の状況を適確に把握しなければならない。しかも、「現場」の状況は刻々と変わるから、リアルタイムでの状況把握が不可欠となる。

一方、兵粮を運ぶためには船や馬だけでなく人手も必要だが、その人員もメシを食う。運ぶ兵粮が多くなればなるほど、多くの人手を要するから、より大量の食料を消費する。輸送途中などでの逸失《いっしつ》分も計算に入れないと、現場では不足が生じる。

これも、ワクチン騒動にそのまま当てはまる。ワクチンを接種する医療従事者に、まずワクチンを打たなければならなかったし、現場では管理の混乱による逸失分も相次いだ。

したがって、前線に滞りなく物資を行き渡らせるためには、計算能力・情報処理能力・企画立案能力の高い専門組織が必要となる。それは、たとえば近代軍隊における参謀本部だ。というより、大がかりな作戦を成功させるための企画組織として、近代の軍隊は参謀本部のようなシステムを作り上げた、といった方がよい。

実は、世界の軍事史をひもといてみると、軍隊が後方からの補給に全面的にたよって作戦できるようになるのは、第二次世界大戦の後半になってからだとわかる。物資を前線にくまなく運ぶための、トラックやジープといったハードウェア。無線通信のような情報伝達技術。近代的な参謀本部という組織。この三要素がそろって初めて、後方からの補給によって軍隊を動かすことができるようになったのだ。

それ以前には、世界中のどの軍隊も、後方からの補給だけにたよって作戦を遂行することなど、できはしなかった。世界史上の軍隊はみな、さまざまに工夫を凝らして補給の問題に取り組んでいた。しかし、根本的な解決には至らず、結局は現地調達という昔ながらの手法にたよらざるをえなかった――要するに略奪である。

だから、第二次大戦以前の軍隊は総じて、動いている時の方が兵粮に窮《きゅう》することはなかった。イナゴのように食料を漁《あさ》るからだ。しかし、ひとところに長陣を始めると、たちまち兵粮不足が襲ってくる。こうした実情は、ロシアに侵攻したナポレオン軍も、ソ連に侵攻したヒトラーのドイツ軍も、同じだったのだ。

●兵粮と戦争適期

無線通信機も参謀本部も持たない一五九〇年の豊臣軍が、ナポレオンやヒトラーも解決できなかった問題を、いともたやすくクリアできたとは、とても考えられない。輿《こし》の上にふんぞり返って東海道を下ってくる太閤殿下は、会食でも茶会でも好きなだけできただろうが、前線の兵士たちは兵粮不足に苦しんでいた、と考えるべきだろう。

小田原攻めの場合、秀吉は石田三成や浅野長政、徳川軍の主力などを包囲陣から抜き出して、北条方の支城攻略に向かわせている。通説では支城壊滅作戦として理解されてきたが、僕は〝口減らし作戦〟という意味合いも強かったとみている。自分たちの食う分は、自分たちで調達してこい、というわけだ。

本章「合戦は農閑期を選んでおこなわれた？」の項に書いた話が、ここにかかってくる。戦国時代の戦争は、農繁期・農閑期を問わずにおこなわれたが、むしろ稲刈りシーズンを狙って仕掛けているようにみえる場合もある。

いや、みえるのではなく、本当に狙っているのだ。兵粮調達の方法がいろいろ工夫して選択肢を増やしたくらいでは、抜本的な解決にはならない。戦いが長期化したり、敵地の奥深く侵攻すれば、兵粮はたちどころに不足する。

そんな補給が行き詰まりがちな戦国の軍隊にとって、稲刈りシーズンは兵粮を現地調達しやすい「戦争適期」に他ならない。しかも、敵国の経済にダメージを与えながら、自分たちの軍隊を食わせていけるのだから、一石二鳥ではないか。戦国武将の現場感覚は、あくまでシビアなのである。

3章

天下統一をめぐるリアル

群雄割拠の世から全国政権へ——。
その転機となった事件の背景とは?
語り尽くされたはずのトピックを
見落とされてきた視点で探る。

長篠合戦の勝敗を分けた真の要因とは?——

織田信長の天下統一に向けての戦いの中で、もっとも有名なのが長篠《ながしの》合戦であろう。この合戦は一般に、信長が強力な鉄炮隊によって武田勝頼《かつより》を破った戦いとして語られている。

長篠合戦は天正三(一五七五)年の五月、武田勝頼が三河に攻め入って、徳川方の長篠城を囲んだことから起きた。織田信長・徳川家康の連合軍は、奥平信昌《おくだいらのぶまさ》という武将が守備する長篠城へ救援に向かい、そこで武田軍との決戦に至ったわけである。

これまでも多くの歴史家たちが、さまざまに論じてきた長篠合戦であるが、実は決定的に重要な論点が一つ、見逃されている。織田軍の鉄炮隊は、そもそも長篠の戦場において主役ではなかった、という事実だ。これは、どういうことなのか。まずは戦いのいきさつから、順を追って説明しよう。

●長篠への道

勝頼が武田家の当主となる以前、つまり信玄の存命中から、武田と徳川とは交戦状態にあった。とはいえ、実力では武田軍の方が圧倒的に優勢で、奥平氏ら奥三河の国衆は、武田方につくことで生き残りをはかっていた。

一方、徳川家康には織田信長という同盟者がいたが、京を押さえて勢力急伸中の信長は、決して対等な同盟相手とはいえなかった。家康の立場は、協力会社といいつつ実態は文句のいえない下請け会社のようなものだった。早い話、武田軍という強敵に対する体《てい》のいい防波堤として、信長に利用されていたのである。

こうして武田軍は、何度となく徳川領を蹂躙《じゅうりん》してきたが、天正元（一五七三）年三月、三河で作戦中に信玄が病没してしまう。武田軍は、いったん甲斐に引きあげて、信玄の死を隠しながら、勝頼への権力継承につとめる。

この間、家康は抜け目なく巻き返しに出て、奥三河の国衆たちを寝返らせていた。とはいえ、武田軍が再び攻勢に出てくれれば、奥三河の国衆たちは各個撃破されかねない。そこで、奥三河をキープするための拠点を長篠城に定め、奥平信昌に守らせることにした。

はたして天正三（一五七五）年の春になると、権力の継承を終えた勝頼は、武田軍の主力を率いて奥三河に攻め込んできた。そして、豊川《とよかわ》沿いに南下して、徳川家中に調略を仕掛けながら、東三河一帯を荒らし回った。

ここで勝頼は、北に反転して長篠城を囲む。この時の武田軍の兵力については諸説あるが、総勢で一万八〇〇〇くらいだったようだ。片や徳川軍は、全軍あげても八〇〇〇程度。長篠城守備隊は奥平信昌以下、わずか五〇〇。

長篠城の命運は、風前の灯火《ともしび》となった。戦力的に徳川方の勝ち目はうすい。とはいえ、このまま長篠城を捨て石にして武田軍をやり過ごせば、徳川方からは、家康を見限って寝返る者が続出するだろう。

逆にいうなら、それこそが勝頼の狙いであった。長篠城を痛めつけることで家康をおびき出し、自軍に有利な状況で決戦に持ち込んで一挙に叩く。もし、家康が出てこないのであれば、落とした長篠城を武田軍の作戦基地として使いながら、寝返りをさそって徳川家中を切り崩してゆけばよい。

武田軍の作戦は、かなり妥当なものといえた。ここまでは……。

●家康のSOS

のっぴきならない状況に追い込まれた家康は、格上の同盟者である信長に泣きつくしかなかった。信長は、数年前から上方での戦いに忙殺《ぼうさつ》されていたのだが、長篠城が囲まれていた頃、ちょうど上方での戦いが一段落して、兵を休ませていた。

家康からのSOSを受けた信長は、織田軍主力を一気に長篠に投入することを決心し、約三万の織田軍を率いて三河に向かった。美濃《みの》方面でも武田軍が陽動作戦をおこなっていたが、かまわなかった。そして、家康と合流すると長篠城の六キロほど手前で停止して、武田側からみえないように織田軍主力を注意深く配置した。

対する武田勝頼は、織田軍の進出はキャッチしたものの、その兵力と信長の真意を計りかねていた。これまでのいきさつからみて、信長が本気で家康を助けることはないだろう。織田軍の兵力が多少大きくても、戦意が低いのなら、織田軍がモタモタしている間に徳川軍を叩いてしまえる。そう踏んだ勝頼は、会戦を決心した。

五月二〇日、勝頼は長篠城の押さえを残し、主力（推定一万五〇〇〇）を前進させた。これを見た信長も、織田・徳川軍を前進させて、決戦の機は熟した。翌二一日、武田軍は夜明けとともに攻撃を始めた。

対する信長は、前田利家《としいえ》・佐々成政《さっさなりまさ》ら五人の奉行が指揮する鉄炮隊三〇〇〇を前線に配置した、と『信長公記《しんちょうこうき》』という史料には記されている。『信長公記』とは、信長の秘書官だった太田牛一《ぎゅういち》が書き残した、一種の信長回想録だ。記述の信憑性《しんぴょうせい》が高いため、信長研究の基礎資料として知られている。

信長が鉄炮隊を活用して武田軍を撃破した、という話の大本の出どころも、この『信長公記』の記述だ。ところが、『信長公記』の研究が進んだことによって、もともとの記載は鉄炮一〇〇〇挺であり、三〇〇〇は後から〝盛られた〟数字らしいことがわかってきた。

だとすると、総勢約三万という織田軍の中で、前線の鉄炮隊が一〇〇〇挺では少なすぎないだろうか? また、約一万五〇〇〇の武田軍主力による突撃を、一〇〇〇挺の鉄炮だけで粉砕できるものだろうか? そう思って、『信長公記』の記述を注意深く読み直してみると、次のように書いてある(意訳)。

二一日の早朝、武田軍が動きだしたとの知らせを受けた信長は、家康の本陣である高松山へやってきて、戦況を視察した。そして、諸隊から抜き出した鉄炮約一〇〇〇挺を、前田利家・佐々成政ら五人の奉行の指揮のもとに配置した、というのだ。

●鉄炮隊は何をしていたか

ここで、決戦に至る流れをふりかえってみてほしい。われわれは長篠の合戦を、「織田信長が武田勝頼を破った戦い」と認識している。けれども、この戦いは本来、

長篠合戦の設楽原決戦場跡を南北に流れる
連吾川に沿って復元された馬防柵

徳川家康対武田勝頼という図式で起きているのである。

信長は、家康に泣きつかれて駆けつけた援軍の立場だった、という前提に立って、例の『信長公記』の記述を、もう一度、読み直してみよう。信長は、なぜわざわざ家康の本陣にやってきたのだろうか。論理的に導き出せる答えは、一つしかない。武田軍の主力が、徳川軍に向かって攻めかかっていたからである。

だとしたら、例の一〇〇〇挺の鉄炮隊は、徳川軍の側面を援護するために急遽《きゅうきょ》配置した、と理解するのが正しい。信長は、徳川軍だけでは武田軍の猛攻をしのぎきれない、と判断して、徳川軍を援護する鉄炮隊を配置するよう指令した。だから、諸隊から抜き出した臨時編成の部隊だったのだ。

一方、『信長公記』の続きを読むと、武田軍は織田軍の正面にも攻撃を仕掛けてきたことがわかる。これに対して信長は、織田軍主力には陣地から出ないよう厳しく命じ、鉄炮を撃ちかけて武田軍を撃退した、と書いてある。

この状況を、勝頼の立場で考えてみよう。数は多いかもしれないが援軍である織田軍と、わざわざ正面からぶつかる必要はない。あなたが勝頼なら、どうするか？僕なら、駆け引きの巧みな家臣たちの隊をいくつかふり向けて、織田軍を牽制《けんせい》させる。織田軍が総力をあげて徳川軍を援護しないように仕向ければよいのだ。いくつかの有力部隊で織田軍を牽制し、釘付けにしておくのが勝頼の戦術だった、と考えてよいだろう。

この間、徳川軍は、織田軍鉄炮隊の援護射撃を受けながら、白兵戦《はくへいせん》につぐ白兵戦でなんとか持ちこたえていた。そして、徳川軍が猛攻をしのぎきったことによって、武田軍は攻め疲れて手詰まりの状態に陥った。

信長が狙っていたのは、この瞬間だった。陣地の中に温存していた織田軍の主力を、どっと繰り出して、武田軍を一気に押し崩したのである。局面は、たちまち追撃掃討戦へと展開し、武田軍の将兵たちは次々と討ち取られていった……。

●勝敗分岐点はどこか

鉄炮という新兵器が勝敗を分けた戦い、という固定観念を捨てて、あらためて経過を整理してみると、長篠の合戦は、一にも二にも信長の「作戦勝ち」だったことがわかる。鉄炮隊どころか、そもそも織田軍自体が戦場の主役ではなかったのだ。当然、鉄炮が戦いのゆくえを左右したわけでもない。勝敗を分けたのは、新兵器でも革命的な戦術でもなく、信長のあざとさだった。

武田軍に対する防波堤として家康を使ってきた信長は、長篠城ＳＯＳの知らせを受けた時、一息つかせていた織田軍の主力を、気前よく長篠戦線に投入することを決心して、ただちに実行に移した。

そうして、折よく空いていた手で、おいしいところをゴッソリ持っていった。それでも、絶体絶命のピンチを救ってもらった家康は、格上の同盟者に頭を下げるしかなかった。下請けのつらさである。こうした判断の速さと、思い切りのよさこそが、長篠合戦の真の勝敗分岐点であり、信長の本当の強さでもあった。

明智光秀の前半生は、なぜ謎なのか？

●有名人ではあるけれど

戦国史上最大の下剋上ドラマである本能寺の変。この事件で織田信長を討った明智光秀は、日本人なら知らない人はないほどに有名な、歴史上の人物である。にもかかわらず、織田信長に仕える以前の、この人の前半生は謎につつまれている。

まず、光秀の履歴を最大公約数的に整理しておこう。光秀は美濃の出身で、一説では美濃の守護だった土岐《とき》氏の士族である明智氏の出とされる。ところが、土岐氏を逐《お》った斎藤氏によって明智氏が滅ぼされたために浪人となり、やがて縁あって足利義昭《よしあき》に仕えるようになった。

その義昭が、織田信長に奉じられて第一五代将軍となると、義昭と信長との間で連絡調整等に活躍し、信長の指揮下で武功も立てたが、やがて義昭に見切りをつけて信長に臣従するようになった。そして、織田家中で頭角を現して信長に重用されるようになったものの、天正一〇（一五八二）年六月に突如として謀叛《むほん》を起こし、京の本能寺に信長を討った。

このうち、義昭から信長に乗り替えた事情については、一章「武将たちの意外な〝転職〟事情とは？」の項で説明したとおりだ。問題は、信長に仕える以前の前半生である。越前にいたことがあるとか、足利義昭の足軽衆であったとか、細川藤孝《ほそかわふじたか》の家臣であったとか……。さまざまな説があるが、どれも断片的な情報。そもそも、本当に美濃明智氏の一族なのかも、はっきりしない。

要するに、どこの何者なのかよくわからない。二〇二〇年の大河ドラマ『麒麟《きりん》がくる』で描かれていた光秀の前半生は、ほとんど創作といってよい。

ではなぜ、これほどの有名人の経歴が不明なのであろうか？

●紙に書かれた歴史

歴史上の出来事や人物について知る最大の手がかりは、紙に書かれた「史料」だ。その歴史史料の主なものに、文書と記録がある。文書とは、わかりやすくいうと、差出人と受取人が決まっている書類や手紙のたぐい。記録とは差出人・受取人のない書き物のことで、日記や帳簿、回想録のたぐいだ。

岐阜県可児市の羽生ケ丘に
建てられた明智光秀像

中世や戦国時代の研究では、貴族や僧侶の日記がよく用いられる。現代人がつける日記やブログは、個人的なことを書き綴るのが普通だが、当時の貴族・僧侶の日記は業務日誌のようなものなので、客観的な事実や情報を書くのが基本だ。業務日誌だから、家や寺ごとに大切に保管されて、現在まで伝わっているわけだ。

戦国武将について書かれた記録の代表として、前項でも紹介した『信長公記』がある。光秀も、信長に仕える頃から、『信長公記』の中にたびたび登場するので、動向が追えるようになる。

一方、文書は書類なので、たくさん作られるけれども、用が済めば捨てられるものも多い。火事や戦乱で失われたりもするから、現代に残っている文書は、当時作られたもののうち、ほんの一握りでしかない。

ただし、文書の種類によって、残る確率の高い性質のものと、低いものとがある。

残る確率の高い文書とは、長期間大切に保管される性質の書類だ。たとえば大きなお金のやり取りや貸し借り、土地や財産の権利にかかわる証書類、税金関係の書類などは、現代のわれわれも大切に取っておく。戦国時代も同じだ。

おわかりだろうか？　光秀の場合、信長に仕えるようになって領地をもらい、家臣をやしなう立場――つまり、領地の支配や年貢にかかわる立場になって、残される確率の高い文書に名前が登場するようになったのだ。浪人や足軽の立場では、残される確率の高い文書にタッチしない。政治家や文化人との交流もないから、記録にも名前が出てこなかった、というわけである。

ただ、義昭の足軽衆だったというのは、ありえる話だ。義昭は、もともと僧籍にあって、還俗《げんぞく》して次期将軍に担がれた人だから、手持ちの兵力がない。当時の室町幕府は組織としてはボロボロで、直属の家臣もわずかだから、傭兵として足軽を雇うのは、むしろ自然だ。その指揮官クラスの武士の中に、浪人の光秀がいたとしても不思議ではない。

本能寺の変はなぜ起きた？

●百家争鳴

明智光秀といえば、やはり気になるのは、なぜ本能寺の変を起こしたのか？　という問題だ。これまで、多くの歴史学者や作家・ライターたちが、この難問にさまざまなアプローチを試みてきた。

だが、次々と新手《あらて》の説が出されるということは、裏を返せば多くの人が納得できる決定打がまだ出ていない、ということでもある。光秀が本能寺の変を起こした理由について、これまで提起されてきた説は、おおまかには次のように整理できる。

A．野望説　光秀は、信長に代わって天下を取るという野望を抱いていた。
B．怨恨《えんこん》説　信長の度重なるパワハラに、積年の恨みが爆発した。
C．理念説　信長とは政治的理念や価値観が相容れなかったため。

D．各種黒幕説　何者かが背後で糸を引いて、光秀をそそのかした。
E．将来悲観説　信長の政策が自己中心的すぎたので、明智家の将来に悲観した。
F．突発犯行説　ある日突然、犯行を思い立った。
G．四国説　信長の場当たり的な四国政策の変更により、光秀が立場を失った。

●諸説を検討する

これら諸説のうち、Aの野望説については、なにぶん光秀の志の問題なので、検証のしようがない。Bの怨恨説も根拠が薄弱《はくじやく》である。というのも、怨恨説の根拠となっているのは、いずれも江戸時代に書かれたものなのだ。江戸時代には〝戦国実話〟や〝武将秘話〟みたいな俗書がたくさん作られており、怨恨の原因とされるパワハラ事件のほとんどは、そうした俗書に出てくる〝秘話〟なのである。

それに、信長が気性の激しい人物だったことは間違いないから、パワハラを受けた家臣はいくらでもいる。にもかかわらず、本能寺の変の後で「よくやった、俺も信長には我慢ができなかったのだ」と光秀を支持した家臣は誰もいないのだ。信長を討とうとしたのは光秀だけなのである。

Cの理念説も、一見もっともらしいが、よく考えるとおかしな話だ。理念や方向性が相容れないのなら、さっさと信長のもとを去って他の大名に仕えれば済む話だ。この時代は、ソリが合わなかったら主君を替えるのは普通だったし、浪人暮らしの長い光秀なら、そのあたりはドライに判断したのではないか。にもかかわらず、一〇年以上も信長に仕えて出世頭になっているのである。

Dは黒幕の候補として、足利義昭、朝廷、徳川家康からイエズス会、羽柴秀吉までが取り沙汰されて百花《ひやつか》繚乱《りようらん》の様相を呈している。しかし、黒幕がいたなら、変の直後に光秀と連携を取るなり、支援するなりといった動きをみせるはずだが、実際はそうした動きはまったく確認できない。

Eの悲観説は、光秀の年齢（信長よりかなり上）や、信長の横暴さを考えればありそうな気がするかもしれない。なにせ信長は、長年仕えた重臣を「働きが悪い」みたいな理由で、いきなり追放するような主君だ。しかし、明智家の将来を打開するためであれば、誰か信長に代わる人物を担ぎ出すなり、他に方法はありそうなものだ。単独での謀叛《むほん》は、あまりに短絡的ではないか。

●四国説への疑問

本能寺の変の原因について、このところ研究者の間で赤丸急上昇なのが、Gの四

本能寺跡。信長が最期をとげた本能寺の跡も今ではすっかり住宅街になって、石碑だけが所在を伝えている（著者撮影）

国説である。研究が進み、信長と長宗我部《ちょうそかべ》元親《もとちか》との外交交渉の実態や、光秀のかかわり方がわかってきたことによって、となえられるようになった説だ。

　土佐をベースに勢力を広げつつある長宗我部元親に対し、信長はもともと友好的な態度を示していた。この長宗我部側との外交窓口になっていたのが光秀だった。ところが、信長は急に掌《てのひら》を返して、讃岐《さぬき》や阿波《あわ》は織田方が取るから手を出すな、といい始めた。当然、長宗我部側は激怒する。このため、窓口になっていた光秀は面目丸つぶれとなり、織田家中での立場を失った、というのが四国説の概要だ。

しかし僕は、四国説は根本的なところでおかしいと思う。なぜなら、信長が最初から打算で長宗我部側に接近しているのは、見え見えだからだ。というより、戦国時代であれ現代の国際関係であれ、外交的に接近を図るというのは、なんらかの打算や思惑に基づくものだ。

当時、畿内の制圧を進める信長の前に、大きく立ちはだかったのが摂津《せっつ》の石山本《いしやまほん》願寺《がんじ》である。この石山本願寺を支援していたのが毛利で、瀬戸内海の海上輸送路を使って物資を運び込んでいた。つまり信長は、瀬戸内海のシーレーンを側面からつついてくれる味方がほしかったから、長宗我部元親に接近したのだ。

●戦国の交渉術

ところがその後、信長は自力で石山本願寺を下し、周辺諸国へと勢力を広げることになった。こうなると、次は毛利、四国が征服目標だから、長宗我部側への態度が変わるのも、当然である。戦国時代には、この手の外交方針の変化は日常茶飯事である。われわれだって、「今度、食事でも」と誘われたのを、いちいち全部額面どおりに受けとっていたら身が持たないのと同じようなものだ。

光秀にしても、長宗我部元親にしても、実力でのし上がった戦国武将であれば、そんなことは百も承知だ。信長がなぜ長宗我部側に接近しているのかは考えればすぐわかることだし、情勢が変われば外交方針が変わることだって当然、織り込み済みだったろう。長宗我部側が怒って信長に厳重抗議するのも、当然だと思う。なぜなら、これは外交交渉だからだ。信長が四国侵攻を視野に入れている以上、いずれ長宗我部側と織田側とで領土分割のケリをつけることになる。

だとしたら、何かしら交渉材料を担保しておきたい。相手に厳重抗議をしながら落としどころを探るなどというのは、交渉術の基本ではないか。長宗我部側が信長に抗議している史料を読んで、「信長の外交方針は場当たり的だ、これでは長宗我部も怒るし、光秀も立場を失う」などと解釈している学者先生は、シビアな利害が絡む交渉ごとのご経験をお持ちでないのか、と思ってしまう。

以上の理由から、僕は四国説はお話にならない、と考えている。それに、信長が長宗我部への態度を変えたからといって、光秀が領地を失ったわけでもない。つまり、実利のうえでは、別に光秀はマイナスになっていないのである。

その意味において、四国説は最新の研究に基づいていて、一見もっともらしいが、所詮は怨恨説のニューバージョン、といわざるをえない。

明智光秀は謀叛を、いつ決心したのか？――

●主殺しの条件

明智光秀はなぜ、織田信長を討ったのか。従来説は、よくよく検討してみると納得のできないものが多い。問題に対するアプローチの仕方を変えてみよう。

光秀が〝信長討ち〟を成功させるためには、いくつかの条件が必要である。まず、信長が無防備な状態でいること。軍勢を率いていたり、安土城《あづち》にいたりする間は、襲撃は成功しない。

次に、自分が軍勢を動かせる状況で、かつ信長を捕捉できる「射程圏内」にいること。光秀の持ち城である近江の坂本城や丹波《たんば》の亀山城《かめやま》は、安土や京には近いから「射程圏内」ではある。ただし、信長の命《めい》もないのに出陣の準備など進めていたら謀叛はバレバレだ。信長に防備を固められるか、悪くしたら逆に討伐軍を差し向けられてしまう。信長を討つためには、兵を動かしても不自然ではない状況が必要に

丹波亀山城。この城で謀叛を決意した明智光秀は６月１日の夜、１万3000の軍勢を率いて京へと向かった（著者撮影）

なってくる。

では、こうした条件が満たされるタイミングがどこにあったのか、事実関係を時系列に沿って整理してみよう。以下、光秀が信長を襲ったのが、天正一〇（一五八二）年の六月二日であることを前提に、読み進めてほしい。

●運命の年

運命の天正一〇年——この年、織田軍はまず信濃・甲斐に侵攻して、武田勝頼《かつより》を滅ぼした。戦いは、信長の嫡男である信忠が中心となって進み、信長本人は制圧が終わった武田領に入って各地を視察している。この間、光秀はずっと信長に随伴している。また、徳川家康がたいそう気を使って、信長の視察に便宜《べんぎ》を図ってくれたので、『信長公記』によれば、信長は終始ご機嫌であった。

信長は四月下旬に安土に帰り、五月に入ると、武田討滅の御礼を述べるため家康が安土に参上することとなった。ここで信長は光秀に、家康の接待役を命じた。ところが、五月一五日に家康が安土に着くのと時を同じくして、備中高松《びっちゅうたかまつ》城を攻めている羽柴秀吉から急報が入った。毛利軍の主力が出陣してきたというのだ。

毛利軍の主力が相手となると、秀吉だけでは支えきれない。しかし、信長はこの事態を、毛利軍と雌雄《しゆう》を決するチャンスとみて、出陣を決めた。このあたりの判断の速さは、長篠合戦のケースと同じである。そして、自分が現着するまでの当座の手当てとして、光秀に先行を命じた。光秀が家康の接待役を解かれたのは、こうした事情によるものであって、別に接待に落ち度があったわけではない。

よく知られているように、このとき織田軍の有力諸将は各地に出払っていた。柴田勝家《かついえ》は北陸に、滝川一益《たきがわかずます》は関東に、丹羽長秀《にわながひで》と織田信孝は四国侵攻の準備中、家康は安土でお客さん、秀吉は備中戦線といった具合だ。畿内周辺でまとまった兵力を動かせるのは信長と光秀だけで、だから信長は光秀に出陣を命じたのだ。

そこで光秀は、出陣の準備のため五月一七日に坂本城へ帰り、二六日には坂本の兵を率いて亀山城に入った。光秀はここで、戦勝祈願や壮行会としての連歌《れんが》の会などを催しながら、最終的な準備を進めていった。

一方の信長は、二九日になって安土城に集結した直属部隊に、命令あり次第、出発できるよう支度を調えておけ、と命じて、信忠とわずかな供回りのみを従えて京に入った。

ちなみに、この年は五月が小の月なので、二九日の翌日が六月一日となる。一日の夜に入り、軍勢を整えて亀山城を発した光秀は、京へ向かった。そして、二日の未明に本能寺を襲う。

●決断の時間

このように整理してみると、光秀が〝信長討ち〟を決断できる時間は、きわめて限られていたことがわかる。信長が無防備で手の届く距離におり、なおかつ光秀が兵を動かせる、という条件がクリアできるのは、五月二六日～六月一日までのわずか五日間、最大限見積もっても五月一七日～六月一日までの一四日間しかない。

信長が京に向かったのも二九日になってからだ。仮に「出陣の前にちょっと京に寄るから」と事前に通達していたとしても、実際に何日に京に入るかは流動的だ。備中の秀吉から何か急報が入れば、情勢は変化するし、どう変化するかの予測もつかないからだ。

光秀が情勢を判断して謀叛を決心できる時間は、実際には一日か、せいぜい二日くらいしかなかったのではないか。少なくとも、事前に着々と謀叛を計画することなど、不可能である。計画的犯行でない以上、各種黒幕説は成立しない。同様の理由で、野望説、怨恨説、理念説、将来悲観説も脱落する。

光秀が信長を討てる状況は、天正一〇年の五月二九日に突如として、エアポケットのように生じたのである。そして光秀は、自分が稀有《けう》なチャンスに恵まれたことを悟って、一日か二日のうちに決心し、実行に移した。論理的に考えるなら、本能寺の変は突発的犯行、という結論を導き出さざるをえないのだ。

●実証主義の陥し穴

ただし、光秀が決心に要した時間が三分だったのか、二日間迷った末だったのかは、わからない。常識的に考えるなら、信長が京に向かったという報《しら》せを聞き、さまざまな情勢を自分なりに分析したうえで、〝信長討ち〟が実現可能な作戦である、という結論に達したはずである。

その過程で、いろいろな思いが脳裏《のうり》をよぎったのかもしれない。信長との出会い。将軍義昭や朝廷との関係。勝ち戦、負け戦。度重なる信長の気まぐれや横暴。長宗我部との交渉で苦労したこと。明智家の将来などなど……。

最終的に何が光秀の背中を押したのかは、本人に聞いてみなければわからないし、本人に聞いてもわからないかもしれない。心の整理がつかないまま、純粋に軍事的な判断から〝実行可能な作戦〟を決心した、ということだってありうるからだ。

だとしたら、光秀の人物像を「人間的」な面から掘り下げない限り、本能寺の変の真因には到達できないことになる。少なくとも、現在の歴史学のように、史料を探してきては内容を検証・分析し、客観的にファクトやエビデンスを積み上げて実証してみせる、という手法では解明できない。

にもかかわらず、客観的な検証・分析を重ねて、ファクトやエビデンスを積み上げれば、真相にたどり着ける、と歴史学の研究者たちが勘違いした結果、出現したのが四国説なのである。僕はそこに、現代歴史学の限界を垣間見る気がする。

学者先生がどのみち真相にたどり着けないのなら、光秀がなぜ〝信長討ち〟を決意したのか、皆さんも自由に想像の翼を広げてみて、よいのではなかろうか。

中国大返しは、どうして実現できたのか？

●大返しの始まり

本能寺の変の凶報が、備中高松城の水攻めにあたっていた羽柴秀吉のもとに飛び込んできたのは、天正一〇年（一五八二）六月三日の夜である。六月二日の未明に、本能寺に織田信長を襲った明智光秀は、直後に毛利方に密使を発していたが、これが秀吉軍に捕らえられたのだ。

秀吉の反応は速かった。備中高松城主の清水宗治《むねはる》を切腹させれば包囲を解いて城兵を助ける、との条件を毛利方に持ちかけて停戦を成立させ、六日には備前まで撤退。世にいう中国大返しの始まりである。

二日後の六月八日、秀吉は居城の姫路城に着く。光秀が畿内制圧に動き出した日である。光秀が畿内諸将の支持を得られないことに焦《あせ》りを募らせていた一一日、秀吉は大坂に入って摂津方面の織田方諸将を糾合《きゅうごう》にかかった。そして、一三日には山《やま》崎《ざき》の合戦で光秀軍を破るのである。

●兵粮をどうしたか

秀吉の中国大返しについては、万単位の軍勢をすばやく移動させるにあたって、食料をどう調達確保したのか、という問題が取りざたされることが多い。でも、この問題については、僕は全然不思議だとは思わない。

なぜなら、秀吉軍は自軍の補給線を逆にたどっていっただけだからだ。まず、備前は秀吉に従っている宇喜多《うきた》氏の領国で、備中戦線に対する秀吉軍の出撃拠点でもある。だとしたら万一、前線が危機に陥った場合、備前まで退却することは最初から織り込み済みだったはずである。

次に、もともと近江の長浜《ながはま》を居城としていた秀吉は、播磨《はりま》を平定し、中国方面軍司令官に任じられたことによって、姫路を居城としていた。つまり、この時点で姫路は、備中戦線に対する後方支援基地なのである。兵たちの住まいもあるし、兵粮などの物資だって備蓄されている。

それなら、まず備前まで退却し、そこから腰兵粮《こしびょうろう》（携行食糧）を持って姫路まで走れば腹を満たせる。いったん姫路で兵を休ませ、再び腰兵粮を持って東に向かえば、二、三日で大坂に着く。大坂は大都会だし懇意《こんい》の商人もいるから、兵粮の調達はどうにかなる。こう考えるなら、軍勢の急速な移動そのものは不思議でもなんでもない。僕にいわせれば、現場感覚でどうにでも対処できる問題だ。

●当然の判断

中国大返しの本当のキモは、秀吉の判断の速さなのである。変事の第一報に接するや、ただちに戦線をペンディングさせ、軍を反転させる決断をためらわずに下し、実行に移したところが勝因なのである。

この秀吉の迅速《じんそく》な決断についても、不思議がる人が多い。六月三日夜の第一報の時点では、情報の真偽も信長の安否も確認できていなかったはずだからだ。毛利方への密書を謀略と疑うことなく撤退を決断できるものなのか？　いや、それをいうなら、このタイミングで光秀からの密使を捕まえた、という話そのものが出来すぎではないのか？　というわけだ。

現状では、戦国史研究の第一人者である先生方までもが、こうした点に疑問を呈し、あげくに秀吉は光秀が謀叛することをあらかじめ知っていたのではないか、などと大まじめに論じている。

しかし、秀吉が置かれた「現場」の状況を「作戦」という観点から理解すれば、秀吉の迅速な判断と行動は、不思議でもなんでもない。むしろ当然の判断とすらいえるのだ。

どうも、研究室で史料や論文を読んでいる先生方は、戦場という「現場」で起きている事件を、「軍事」という観点から理解することが苦手なのではないか。

●戦機熟す

われわれは、備中高松城水攻め↓本能寺の変↓中国大返し↓山崎の合戦↓秀吉の天下取りへ、という流れを歴史上の事実として知っている。しかしそれゆえ、つい結果から逆算して、物事を評価してしまう。本能寺の変を知った秀吉は、光秀を討って天下を取るべく中国大返しを決断したのだ、と。

では、秀吉の中国大返しを「現場感覚」で読み解くと、どうなるか。まず、城攻めという局面は、ある日突然生じるものではない。双方の作戦や思惑やぶつかり合った結果として、城攻めが始まるのだ。

高松城の場合、もともと備前・備中の国境地帯では、織田方の秀吉&宇喜多軍と、毛利方との間で駆け引きが展開していた。その結果、劣勢に回った毛利方が高松城に押し込まれてゆく状況となったので、秀吉は高松城を囲んだのだ。

この事態は、毛利方としても座視できない。高松城を見殺しにすれば、備中の国衆たちが雪崩《なだれ》を打って織田方に転じてしまうからだ。そこで、毛利輝元は主力を率いて備中戦線に出陣することにした。

ここまで戦いを優位に進めてきた秀吉ではあったが、毛利軍の主力が本気で押し出してくれば、さすがに勝ち目はない。そこで、信長にSOSを出した。報告に接した信長は、毛利軍と雌雄《しゆう》を決するチャンスと考えて、備中戦線への出陣を即決した。そして、自分が現地に着くまで秀吉が戦線を持ちこたえられるよう、当座の手当てとして明智光秀を送り込むことにした。

●備中高松城水没せず

以上の状況を、今度は現場にいる秀吉の立場で考えてみよう。光秀の援軍→信長の本隊→主力決戦という作戦構想が伝えられてきた以上、自分は光秀や信長の来援まで、なんとかして前線を持ちこたえさせなくてはならない。世間一般で信じられている、秀吉が備中高松城を水没させようとした、という話がウソであることが、これでわかる。

秀吉が水攻めをおこなった備中高松城。城の遺構は残っていないが、湿地に浮かぶ微高地だった様子がよくわかる（著者撮影）

高松城を水没などさせたら、信長の決戦構想が不発になってしまうからだ。それでは、秀吉は切腹ものである。毛利軍主力が押し出してこないよう牽制しながら、高松城を生殺し状態で引っ張らなければならないのが、秀吉の立場なのだ。

この場合、高松城を完全封鎖することが、最低限必要な措置となる。城兵の夜襲や脱出を防ぐとともに、毛利軍本体と城との連絡や、兵粮の搬入をシャットアウトしなければならないからだ。周囲を水浸しにすることによって、城を完全封鎖するのが水攻めの目的であって、水没させる必要など最初からなかったのだ。

当然、見張りも厳重にしなければならない。こんな時に、前線に「見張りを厳にせよ」などと通達を出しているようでは、指揮官失格である。毛利方から調略《ちょうりゃく》を仕掛けてくる可能性だって、考慮しなくてはならない戦況だからだ。

僕なら部隊長クラスを集めて、見張りの人数やシフトなどの現状をいちいち確認したうえで、何人で何交替させろ、パトロールの頻度を倍にしろなどと、具体的な指示を出す。秀吉も同じことをしただろう。というより、そうした処置を適確に取れたからこそ、秀吉や光秀は織田家中で頭角を現すことができたのだ。そう考えるなら、光秀の密使が見張りの網にかかったとしても、なんの不思議もない。

●まずすべきことは何か

はたして光秀の援軍や信長の本隊は何日に現着するのか——この時点で、秀吉にとっての最大の懸案は、そこだったはずだ。彼らの現着のタイミング次第で、打つ手が変わってくるからだ。

もちろん、光秀も信長も随時連絡は入れてきただろう。だが、現場の状況は刻々変わる。秀吉が知りたいのは希望的観測や努力目標ではなく、確定情報だ。だとしたら、自分が上方に持っている人脈や情報網を駆使して、光秀と信長の動向をモニターするのは、むしろ当然ではないか。

そんなところに、光秀の密使が飛び込んできたのである。あなたなら、どうするか。もちろん、この時点では、実際に何が起きたのかも、信長の安否も、未確認のままだ。密書だって、何かの謀略かもしれない。であれば、まず情報収集に努めて、事実関係を確認したうえで判断を下そう――などと考えていたら、戦国武将として生き残ることなどできはしない。

仮に密書が謀略だとしても、そんな怪文書が出回っている時点で、信長の周囲では「何か」が起きているのである。だとしたら、この時点で、作戦が当初の予定どおりに進む可能性は限りなく消滅した、と判断しなくてはならない。

となれば、取りあえず戦線をペンディングさせて備前まで退こう、というのは作戦上の判断として当然といえる。もちろん、停戦など持ちかければ、毛利方だって「織田方に何かあったな」と勘ぐるに違いない。しかし、勘ぐったところで、本当は何が起きているかつかみかねるのは、毛利とて同じだ。そこへ、「城主一人の切腹と引き換えに城は解放する」という、相手が一発でのめる条件を出した秀吉の判断が、したたかなのだ。

●戦国武将の危機管理術

実際の動きを基に、秀吉の判断を復元してみよう。

まず、信長の企図《きと》した決戦が不発になると踏んだ秀吉は、備前までの退却を決めた。その一方で大至急、持てる人脈と情報網をフル回転させて、上方の状況を確認にかかったはずである。距離と時間から考えるなら、前線を撤収して備前まで後退する間のどこかで、光秀の謀叛と信長の死を確認した、とみてよいだろう。

ここからが、大事なところだ。

信長が死んだとなれば、秀吉は自力で生き残る道を探さなくてはならない。絶対権力者が消滅し、後継者の信忠も死んだとなれば、織田帝国の空中分解は避けられないからだ。天下の行方をあれこれ考えている場合ではない。自分は本国を離れた前線にいるのだ。

だとしたら、ここは宇喜多を捨て石にしてでも、ただちに退却して自軍を姫路に集結させる、というのが正しい判断となる。僕は、秀吉が光秀を討つ決心を下したのは、姫路においてであったろう、と思っている。毛利方が反撃してこない様子や、上方の混乱を確認したうえで、姫路で持久態勢を固めるより、全軍を率いて一気に上方に向かった方がよい、と判断したのだ。

この決断は、はっきりいって博奕《ばくち》である。しかし、リスクを取って博奕を打つ決断を下し、それに勝ったからこそ、秀吉は結果として天下を取れたのではないか。

何か想定外の突発事態が起きたら、まずは情報収集と事実確認に努め、冷静にリスクを回避する判断を……などというのは、平和な時代の発想である。そんな悠長なことをいっていたら生き残れないのが、非常時であり、戦国乱世なのだ。

情報不足で（ないしは情報が錯綜《さくそう》して）事実が確認できないからこそ、すばやく決断を下し、少しでも生き残る確率が高い方へ、ためらうことなく全力で賭ける。それが、乱世を生きる戦国武将たちの危機管理術だったのだ。

明智光秀はなぜ天下を取れなかったか?――

三日天下――後世、そう呼ばれても致し方ない。六月二日に本能寺に織田信長を弑《しい》して獲った明智光秀の天下は、わずか一二日しか続かなかったからだ。六月一三日、山崎合戦で羽柴秀吉方に敗れた光秀は、敗走中に土民の竹槍にかかって落命してしまうのである。

では、光秀はなぜ天下を取ることができなかったのだろうか。

●光秀の誤算

光秀は、信長を討ったことでホッとして、油断していたわけではない。京で信長と信忠を討つと、ただちに安土城の占領に取りかかり、諸方面に使者を飛ばして体制固めにかかっている。たとえ信長討ちが突発的な決断だったとしても、前線指揮官として優秀だった光秀は、抜かりなく手を打っていったのだ。

ところが、ここで誤算が生じる。畿内周辺にいた諸将が皆、日和見《ひよりみ》を決め込み、誰一人として味方に転じてこなかったのだ。大和の筒井《つつい》順慶《じゅんけい》、摂津の中川清秀《きよひで》・高山右近《うこん》といった面々だ。正面切って明智軍に対抗するだけの力を持たない彼らは、信長を討って京・安土を制圧すれば靡《なび》いてくるだろうと光秀は踏んでいた。

わけても、丹後を領する細川藤孝が味方についてくれなかったのは痛かった。藤孝はもともと足利義昭に仕えていたから、光秀とは早くからの知己である。個人的にも親しかったから、光秀は娘の玉を藤孝の嫡男の忠興《ただおき》に嫁がせている。ゆえに、藤孝・忠興は味方についてくれるものと、光秀は信じていた。

こうして、思うように味方を増やせずにいる間に、秀吉が怒濤《どとう》の勢いで引き返してきてしまったのだ。多数派工作の失敗こそ、光秀が天下を取りそこねた原因だといってよい。では、光秀はなぜ多数派工作に失敗したのだろうか。

●光秀が見過ごしたもの

この問題は、武将たちの心理・心情に根ざすものだと思う。戦国時代には、下剋上は珍しいことではなかったが、一章「下剋上で一発逆転は可能か?」の項で書いたように典型的な成功者は意外に少ない。武士が主従関係の中で生きている以上、

山崎合戦で敗れた光秀が最後に入った勝龍寺城（長岡市）。
細川忠興と玉が新婚時代を過ごした城でもある（著者撮影）

〝主殺し〟はやはり心理的抵抗が大きいのだ。少なくとも表立って褒《ほ》められるような行為ではないし、大義名分にも欠けている。

逆に、下剋上を起こした者を謀叛人として討つ、となれば立派に大義名分が立つ。もちろん、戦国武将たちは皆、打算的なリアリストだ。とはいえ、どちらにつこうか、どう動こうか迷う局面は必ずある。そんな時に最後の一押しになるだけの力があるのが、大義名分だ。

本能寺の変直後の畿内周辺であれば、表だって光秀に対抗できる勢力はいない。でも、力のある誰かが「謀叛人光秀を討つ」と宣言すれば、諸将は雪崩を打って大義名分のある側につくだろう。手を挙げる者が現れるのか、現れないのか、はっきりするまでは去就《きょしゅう》を明らかにできない状況なのである。

もう一つ、光秀が信長を討って天下人のポジションにいる以上、光秀側に参じることは、光秀の臣下になることを意味している。織田家中で最有力の重臣だった光秀は、細川藤孝らよりも格上の存在ではあったが、あくまで彼らの同僚であって主君ではない。その光秀を主君として仰ぐのは、やはり心理的抵抗が大きいのだ。

とくに藤孝の場合、足利義昭のもとでは光秀の上司だったわけだ。だから、織田家中では光秀の方が上席となっても、個人対個人ではお互いに気を使って友人として接していた。そこは藤孝も納得してきたが、主君として仰ぐとなると話は別だ。

おそらく光秀は、彼らの中にあるこうした心理的抵抗を見過ごしていた。ないしは、過小評価していたのであろう。長い浪人生活ののちに出世街道を驀進《ばくしん》した光秀は、自らを恃《たの》むところが大きく、ドライなリアリストとしての資質を身につけていったが、組織の中での下積み経験が乏しかった。ゆえに、武将としての能力は高くても、組織の人間関係に必ず伴うウェットな要素には、疎《うと》かったように思う。

武将として優秀だった明智光秀は、最後に自分の人間性に足をすくわれたのだ。

豊臣秀吉は城攻めの名手だったか？

●不本意な城攻め

秀吉は、城を兵粮攻めにするのが得意だった、と評されることが多い。

確かに、播磨《はりま》の三木城や因幡《いなば》の鳥取城を兵粮攻めにしたり、備中高松城を水攻めにしたりと、秀吉には城郭攻囲戦の実績がある。関東の北条氏を滅ぼした時も、大軍で小田原城を取り巻き、三か月間も包囲して相手を降伏させている。そこで、秀吉は味方の兵をできるだけ損なわないために兵粮攻めを好んだのだ、などと評されたりする。

しかし、小田原攻めの緒戦である山中城では、あえて強襲策を選択し、結果として城側の反撃によってかなりの死傷者を出している。秀吉子飼いの一柳直末《ひとつやなぎなおすえ》が大手口に突入しようとして被弾戦死した話は、二章「大名家当主は滅多に戦死しない？」の項で書いたとおりだ。

また、小田原城を囲んでいる最中には、配下の武将たちが北条方の城を無血開城させているこ とにいら立って、わが軍の強さを思い知らせるため八王子城を力攻めにせよ、と前田利家と上杉景勝《かげかつ》に厳命を下している。秀吉は、人命をすり潰すような力攻めをきらう武将ではなかったのだ。

ではなぜ、兵粮攻めや水攻めの戦例が目立つのかというと、三木城や鳥取城を攻めた頃の秀吉は、信長の部下として、限られた兵力で中国戦線を切り盛りしなければならない立場にあったからだ。

そこで、少ない兵力でも敵を押さえ込めるように、砦《とりで》と柵・土塁を築いて城を封じ込めるようにしたのだ。備中高松城の場合も、水攻めをおこなった理由が作戦上の成り行きだったことは、先述したとおり。別に兵粮攻めが得意だったわけでも、兵の消耗を避けるために兵粮攻めを選択したわけでもないのである。

●石垣山城伝説

では、天正一八（一五九〇）年の小田原攻めはどうか。秀吉は、小田原城の攻囲にあたって石垣山《いしがきやま》城という立派な城をわざわざ築いている。それまで、関東の城は部分的に石は積んでいても、基本は土造りの実用一方の軍事要塞だった。ところが、石垣山城は高石垣と天守を備える新時代の城だった。

しかも秀吉は、三か月弱の突貫工事で城を完成させ、同時に周りの木を一気に切り倒した。このため、北条方は一夜にして立派な城ができあがったのかと肝をつぶし、戦意を失ってしまった。石垣山城は、秀吉の力を敵にみせつけるための城だった――小田原攻めと石垣山城の関係については、こう説明されることが多い。

でも、石垣山からは小田原城がよくみえる。ということは、小田原城からも石垣山がよくみえるはずではないか。いや、現地にいってみると、実際よくみえる。

それに、本格的な石垣造りの城を、森の中で秘密裏に建造するなんて、無理じゃなかろうか。石垣山で大がかりな築城工事をしている様子は、北条側にもわかっていたはずではないのか。

石垣山城の現地に立ってみると、小田原城がよくみえるのは本丸の北東隅のあたりで、いまはそこに展望デッキがある。しかし、天守台は反対側の南西隅にある。つまり、石垣山城の天守は、小田原城にみせつけるのにふさわしい場所には建っていなかったことになる。

実は、石垣山城の天守台付近では天正一九年、つまり小田原開城の翌年の銘が刻まれた瓦《かわら》が、これまでに二点みつかっている。石垣山城は小田原攻めの時点では板

石垣山城に残る石垣。小田原城が容易に落ちないとみた秀吉は堅固な城を築くことで包囲環を閉じようとした（著者撮影）

葺《ぶ》きで暫定《ざんてい》完成し、翌年以降に瓦に葺き替えられた、と考えざるをえない。

秀吉がこの城に入ったのは天正一八年の六月二五日だが、その時点では、本丸にどうにか秀吉が住めるようになっただけで、城はあちこち未完成な部分を残していた可能性が高い。あるいは、天守もまだ完成していなかったかもしれないのだ。

例によって事実関係を整理してみる。秀吉は、三月二九日に山中城を突破し、箱根峠を越えて四月三日には小田原の近くまで進出している。石垣山への築城を決めたのは、その直後だ。いくらなんでも、この時点で戦局の行方がどうなるのか、明確に見通せているはずがない。小田原城内には数万の北条軍主力が健在なのである。

小田原城攻略が行き詰まったり、豊臣軍諸隊が各地の支城攻略に失敗したり、北条側が大がかりな逆襲に出たり、といったリスクは充分想定できる。いや、しなくてはならない。だとしたら、秀吉は最悪の事態を想定して石垣山城を築き始めた、と考えるべきではないか――北条軍の逆襲によって小田原攻囲陣が崩されても、持ちこたえられるような拠点が必要と判断したから、石垣山城を築いたのだ。

●秀吉の真の強さとは

一八一二年、空前の大軍を動員してロシアに攻め込んだナポレオン軍は、〝母なる大地〟の懐《ふところ》深くに引き込まれたあげく、補給が破綻《はたん》して悲惨な退却に追い込まれた。大がかりな長期侵攻作戦には、兵粮不足に陥るリスクが常につきまとうのは、二章「戦国武将はロジスティクスをどう解決したか?」で述べたとおりだ。

にもかかわらず、ナポレオンがあえて大軍を動員したのは、実は補給の問題をクリアするためだったのである。圧倒的な大軍によってロシア軍の主力を早めに粉砕してしまえば、補給が問題になるより先に、勝敗が決するからである。

秀吉の小田原攻めも、おそらく同じ発想でおこなわれたのだろう。その秀吉が、堅固な石垣山城を築こうと思い立ったのは、長期戦を覚悟したからではないか。緒戦の山中城では思いのほか強烈な抵抗にあったし、小田原にきてみると、城は巨大な惣構《そうがまえ》と数万の北条軍主力に守られて、簡単には落ちそうもない。

そこで、小田原城本体を囲んでおいて、その間に北条方の領国を崩壊させてしまう作戦に切り替えたのだ。八王子城を血祭りにあげたのも、見せしめが必要だったから、とわかる。

このように考えてくるなら、一見余裕がありそうに思えた秀吉の城攻めは、いずれも必死の選択だったことがわかる。と同時に、戦況を把握して判断を下す速さと適確さこそが、秀吉の強みだったこともまた、みえてくるのである。

秀吉が秀次の側室を皆殺しにした理由とは？——

●駒姫の悲劇

天正一八（一五九〇）年に小田原の北条氏を下して天下人となった豊臣秀吉ではあるが、しかし子宝には恵まれなかった。前年には、側室の淀殿《よどどの》が鶴松《つるまつ》という男子を産んだものの、二年後に病死してしまっている。そこで、秀吉は甥の秀次《ひでつぐ》を養子として後継者と定め、関白職《かんぱくしょく》と京の聚楽第《じゅらくてい》を譲って、自らは伏見《ふしみ》に居を移した。

ところが淀殿が新たな男子、つまり秀頼《ひでより》を産んだことによって、秀吉と秀次との関係は微妙なものとなってゆく。文禄《ぶんろく》四（一五九五）年七月、ついに両者の関係は決裂し、秀次は謀叛を企てたとして切腹させられてしまう。

この時秀吉は、秀次の側近だけでなく、子女や妻妾《さいしょう》までも全員処刑してしまった。出羽の大名、最上義光《もがみよしあき》の娘駒姫《こまひめ》はまだ一八歳で、秀次の側に上がって間もなかったが処刑を免れず、人々の涙を誘った。

この事件は、もちろん秀頼の誕生によって秀次が邪魔になったことが原因だが、苛烈《かれつ》をきわめた処断は、秀吉の残忍さを表すものといわれる。しかし、それにしても、駒姫のような若い側室まで皆殺しにするほどの残虐な処置が取られたのは、なぜだったのだろうか。

●覇業と後継体制

事件のポイントは、実は文禄四年というタイミングにある。秀吉と秀次の間に不協和音が生じたのは、時期でいうなら文禄の役《えき》の真っ最中である。文禄の役と、そののちに起きる慶長《けいちょう》の役は朝鮮出兵ともいわれるが、当時は「唐入《からい》り」と呼ばれていた。

つまり、秀吉の目的は朝鮮の征服ではなく、あくまで明（中国）の征服にあったのだ。実際、秀吉は天下統一が終わる前から、日本の次は朝鮮・中国を征服する、と周囲に公言している。

そして、天下統一の直後には、朝鮮に服属を要求している。日本は軍事大国だから、ガツンといってやれば朝鮮側は頭を下げて、明征服の先導役を務めるだろう、くらいのつもりなのである。もちろん、朝鮮側がこんな乱暴な要求をのむはずもない。そこで、まずは兵を出して朝鮮を制圧しようということになって、諸将が大軍を率いて渡海した。

日本軍は、実戦経験の乏しい朝鮮王朝軍を撃破して首都の漢城《ハンソン》を陥れ、朝鮮半島の大半を蹂躙《じゅうりん》した。しかし、生き残った朝鮮軍が民衆と共に頑強な抵抗を続けたうえ、明の援軍も出動してきたため戦況は次第に悪化し、日本軍は朝鮮半島の南岸に押し込まれることになった。

結局、文禄四年に至って、日本軍と明軍の間で停戦が成立し、日本軍は半島から撤収することとなった。このような時に秀頼が生まれたため、秀吉と秀次の関係が決定的に悪化してしまったのである。どういうことか。

●権力者の悲劇

一章「戦国大名が『院政』を敷く理由とは？」の項で述べた戦国大名の「院政」の話を思い出していただきたい。秀吉は朝鮮も明も征服するつもりでいた。そして、覇業がなった暁《あかつき》には、自分は大陸に居を移し、日本は秀次に譲るつもりでいた。

つまり、日本の支配者（関白）という本社の社長ポストは秀次に譲り、自身は豊臣グループの総帥としてグローバル事業に乗り出そう、というわけだ。ところが、朝鮮出兵の失敗と秀頼の誕生によって、このマスタープランが狂ってしまう。となれば、秀頼と秀次への相続をどうするかが問題になる。

日本を二人に二分すれば、いずれ戦争が始まるだろう。かといって、関白を秀次から秀頼とバトンタッチするコースを決めておいたとしても、秀頼が成人する頃には、自分はこの世にいないだろう。

となれば、秀次の子と秀頼との間で権力闘争が起きるのは避けられない。秀吉がそうした事態を怖れて、秀次の粛清《しゅくせい》に踏みきったのだとすれば、子女を根絶やしにするのは当然の措置だったのだ。

しかも、秀次には側室がたくさんいた。つまり秀次は〝手の早い男〟だったのだ。だとしたら、少しでも手のついた可能性のある女性は生かしておくわけにいかなかったのである。

秀次事件の結末は、確かに悲劇的ではあるが、苛烈な処断をもたらした原因は、秀吉の残忍さだけに求められるものではない。最高権力者の立場で、豊臣家の安泰《あんたい》を図ろうとしたゆえの残酷物語でもあったのだ。

秀吉の遺言の裏にあった恐怖心とは？――

●独裁者の最期

くれぐれも秀頼のことをよろしく頼む――慶長三（一五九八）年、豊臣秀吉は死の床で、そう繰り返し、秀頼に忠誠を誓う旨、諸大名に誓約書を出させた。

前年に始めた朝鮮への再侵攻（慶長の役）の戦況は、はかばかしくない。上陸した日本軍は消耗して、陣中には厭戦《えんせん》ムードが漂っていた。

後継者の秀頼は、わずかに六歳。自力で諸大名を束《たば》ね、日本を治めてゆくのは無理だ。となれば、徳川家康・前田利家・毛利輝元・宇喜多秀家・上杉景勝の五大老や、石田三成らの五奉行に、秀頼を支えてもらうしかない。

けれども、死期が近いことを感じていたこの独裁者は、おそらく恐怖におののいていただろう。なぜなら、いくら宿老《しゅくろう》や奉行らに後事を託しても、豊臣家の行く末はちっとも安泰とは思えなかったからだ。

●清洲会議の実態

秀吉はもともと、織田信長の部将として頭角を現した人物である。天正一〇（一五八二）年、主君の信長と嫡男の信忠が本能寺の変で横死した後、仇敵《きゅうてき》の明智光秀を討ったことによって、秀吉の存在感は一気に大きくなった。

とはいえ、この時点ではまだ織田家が存在している。そこで、信長・信忠の後継者を決めるための重臣会議、世にいう清洲《きよす》会議がもたれることとなった。ただし、会議といっても、織田家のお歴々が一堂に会して侃々諤々《かんかんがくがく》の議論やら、多数派工作を繰り広げたわけではない。出席者は、羽柴秀吉・柴田勝家・丹羽長秀・池田恒興《つねおき》の四人。これに、信忠の弟である信雄《のぶかつ》と信孝《のぶたか》が、議長のような形で立ち会ったのみだ。メンバーがこの四人＋信雄・信孝だったのには、わけがある。

四人のうち、柴田勝家と丹羽長秀は織田家の古参宿老だが、池田恒興はワンランク下の家臣だ。ではなぜ、恒興が加わったかというと、山崎の合戦で功があったからである。本能寺の変が起きた時、丹羽長秀と池田恒興は信孝と共に摂津で四国侵攻の準備にあたっていて、自力で光秀と戦うだけの兵力が手元になかった。そこへ秀吉がやってきたので、合流して共に光秀を討ったわけだ。

早い話、清洲会議とは討滅した明智方から接収した領地を、山崎合戦の勝ち組が山分けするための会議なのである。このとき、信長の妹で未亡人となっていたお市《いち》の方《かた》が勝家と再婚することになるが、これも〝戦利品〟分捕り合いの一環だ。

もちろん、織田家の後継体制も決めなくてはならないから、信雄と信孝も出席している。ただし、信長と信忠が死んだ以上、織田天下グループ総帥としての権力は、消滅してしまって引き継ぎようがない。後継体制といっても、〝本社〟である織田家領の相続をどうするかが、実質的な議題だ。

結局、家督は信忠の遺児である幼い三法師《さんぼうし》が継ぐ。通説では、これを秀吉の策略のようにいっているが、正嫡である三法師が家督を継ぐのはまったくの正論である。ただし幼弱なので、信雄と信孝が「後見」という名目で、当面は織田家領を分割して、事実上支配することで落ち着いた。しかし、家督を継ぐことができなかった信雄と信孝は、互いに反目し合うこととなる。

●繰り返す簒奪

こののち秀吉は、表向きは信雄を立てて動いている。清洲会議の翌年(天正一一年)に起きた賤《しず》ケ《が》岳《たけ》合戦は、一般には秀吉が柴田勝家を倒した戦いとして知られている。しかし、実際は勝家―信孝を主軸とした一派と、秀吉―信雄グループの戦いであり、要するに清洲会議組の仲間割れだった。結局、柴田勝家が敗れたため、信雄は信孝を攻めて自刃《じじん》に追い込んでいる。

次に起きたのは、賤ヶ岳勝ち組の仲間割れだった。すなわち、勢力を広げた秀吉に警戒感を強めた信雄が、徳川家康と結んで秀吉と敵対したのだ。こうして起きたのが、天正一二（一五八四）年の小牧《こまき》・長久手《ながくて》合戦である。この戦いでは、局地戦で徳川軍が勝利したものの、大局的には秀吉の優位が動かなかったため、信雄は秀吉に講和を持ちかけて、事実上屈服してしまう。

これにより、各地の戦国大名や京の朝廷は、秀吉を日本中心部の支配者と見なすことになった。のちに、信雄は秀吉に逆らって領地を没収され、成人した三法師（秀信と名乗った）は、美濃の一大名に甘んじることとなった。

以上のように軌跡をたどってくると、秀吉が必ずしも最初から天下人を目ざしていたわけではなかったことが浮かび上がってくる。必死に生き残りを図って目の前の問題に全力で対処し続けた結果、天下が転がり込んできた、と考えた方が実際に近いであろう。とはいえ、結果として秀吉は信長の死後、織田家を簒奪《さんだつ》した形になったのである。

こうした来《こ》し方を、秀吉が死の床で反芻《はんすう》しないはずがない。だとしたら、自分が世を去った後、豊臣家に何が起きるかは、容易に予見できてしまう。今は自分に忠誠を誓っている諸将も、独裁権力が消滅したとたん、必死に生き残りを模索するだろう。いや、乱世を勝ち抜いてきた彼らは、本能的に生き残りを模索せざるをえないのだ。結果として、かつて自分が織田家に対して為《な》したのと同じことを、誰かが豊臣家に対して為すに違いない。

そして実際、事態はそのとおりに進むのだ。政権幹部たちの権力闘争が関ヶ原合戦に行き着くのは、慶長三（一五九八）年八月に秀吉が没してから、わずか二年後のことである。

4章

築城と攻城のリアル

難攻不落であるほど高く評価され、
領国支配の象徴ともされる城――。
現代のそんな固定観念をくつがえし、
実に多様であった城の実相に迫る。

武田信玄は「人は石垣、人は城」と考えていたか？——

●戦国の城は土造り

人は石垣、人は城——武田信玄はそういって人材を大事にした、という話を聞いたことのある人は多いだろう。正しくは、

「人は城、人は石垣、人は堀、情けは味方、讎《あだ》は敵なり」

なのだが、本書でも何度か取りあげてきた『甲陽軍鑑《こうようぐんかん》』という書物に出てくる言葉である。

でもはっきりいって、本当に信玄の言葉かどうか、非常に怪しい。なぜなら、信玄の時代の城には石垣などなかったからである。

石垣を積んで城を築くという工法は、戦国時代の後半に畿内周辺で始まったもの

だ。それを織田信長や豊臣秀吉が積極的に取り入れて、天下統一事業の伸展とともに各地に広まっていった。

それ以前の城は、基本的には土造りである。地面を掘って堀とし、掘った土を盛り上げて土塁とする。あるいは、山を削ったり掘ったり盛ったりして、堀や土塁を築く。

戦国乱世の築城は、明日攻めてくるかもしれない敵に備えるための防備だから、基本は大急ぎだ。現地で調達できるマテリアルとリソースを活用して、現実的に敵を防ぐことのできる施設を造らなくてはならない。遠くから材料を運んできたり、職人を呼んでくるなどという手間隙《てまひま》かけた工事をしていたら、城ができる前に敵に攻められてしまう。築城地にたまたま石材があれば、土留めとして積むくらいのものので、基本は土と木で造る。

信玄が住まいとしていた躑躅ヶ崎館《つつじがさきやかた》（甲府市）も、堀と土塁で囲んだだけの造りだし、信玄の跡を継いだ勝頼が築いた新府城《しんぷ》（韮崎市《にらさき》）も、やはり土造りだ。信玄が「人は石垣、人は堀」などというはずはないのである。

●軍学と築城

ではなぜ、『甲陽軍鑑』はそのような言葉を記したのだろう。

一章「武田信玄がトイレを畳敷きにした意外な理由とは?」の項でも触れたように、『甲陽軍鑑』は戦国時代に書かれたタネ本をもとにして、江戸時代初期に軍学のテキストとして編まれたものだ。なので、戦国時代について知るために参考になる話も多いのだが、江戸時代に加筆された部分もある。僕が読んだ限りでは、築城のノウハウについて書いた箇所は、江戸時代の加筆が多いようである。明らかに、信玄時代にはなかったような(あるいは未発達だった)セオリーが書かれているからである。

おそらく、戦術や作戦、武将としての心得などは、信玄時代と江戸初期とで共通するところも多かったが、築城に関しては違いが大きすぎたのだろう。軍学のテキストとして世に出すために、学ぶ人たちの参考になるよう、新時代のセオリーを取り入れて、築城に関する部分を加筆したのではないかと推測する。

「人は城、人は石垣、人は堀、情けは味方、讎は敵なり」の言葉は、『甲陽軍鑑』で信玄が病没するくだりに出てくる。信玄公は甲斐国の中に立派な城を築くことなく、館も屋敷構えで済ませていた、という話に続けて、ある人がいうには信玄公の御歌として、「人は城……」と出てくる。話の流れからしても、いささか唐突な挿入という印象を受けるので、後世の人の創作、とみてよいだろう。

戦国時代には城は土造りが当たり前だったし、武田氏のように室町時代の守護の系譜に連なる大名は、平地の館を本拠とするのが基本だった。だから信玄も、堀と土塁で囲んだだけの躑躅ヶ崎館に住んでいた。

本書のいちばん最初（「あなたが戦国武将だとしたら？」の項）に書いた話を思い出していただきたい。『甲陽軍鑑』で軍学を学ぶ若者たちは、「戦争を知らない世代」なのである。というより、「戦争を知らない世代」が増えてきたからこそ、それまで経験則の世界だった戦争のノウハウを、軍学として理論化するニーズが生じたのだ。

立派な石垣でできた城を見慣れている彼らにしてみれば、信玄ほどの名将が簡素な館に住んでいたことが不思議でならない。そこで、「戦争を知らない世代」を納得させるために、「人は城……」というキャッチコピーが必要になったのではなかろうか。

今でも、組織運用の心得として語られる「人は石垣、人は城」。どうやら、一種の〝都市伝説〟のようなものであり、信玄の言葉というわけではなさそうだ。

水の手は城の生命線だったのか？——

●築城とは何か

人は水がないと生きていけないから、城には必ず水の手（水源）があるものだ——こんな話を聞いたことのある人、いるのではないだろうか？

でも僕は、城の調査研究を長年続けてきた経験に照らして断言する。「城には必ず水の手がある」という説は、間違っている。戦国時代の山城《やまじろ》を実地に踏査《とうさ》してみると、水の手を確認できない例など、珍しくないのだ。

ではなぜ、水の手のない城が存在するのかというと、人は水がないと生きてはいけないが、鑓《やり》で突かれても死んでしまうからである。どういうことか。

城というと、殿様や武将が領地を治めるために住んでいる場所、というイメージを持つ人が多い。しかし城とは本来、敵の攻撃を防ぐための施設である。争乱が絶えることのない戦国時代には、作戦上の駆け引きからさまざまな築城がなされた。

「兵を五〇〇預けるから、前線を見張っていろ」

「手勢二〇〇で、敵の別働隊が迂回《うかい》してこないように、間道を押さえておけ」

といった任務が、そのまま築城になる。前線を見張るのに、原っぱの真ん中に露営などしていたら、部隊は次の日の朝までに全滅しているだろう。見通しがよく、なおかつ少しでも敵の襲撃を防ぎやすそうな地形をみつけなければならない。

手勢二〇〇で間道を押さえるにしても、道をふさぐように検問所を拵《こしら》えて二〇〇人を配置していたのでは、たちまち奇襲を食らって突破される。まず、道を見通せるような小高い場所をみつけて確保するのが先決となる。

大急ぎでバリケードを廻らせて夜営地を設営し、一夜を無事に過ごせたら、堀を掘り、掘った土を積み上げて遮蔽物《しゃへいぶつ》を拵《こしら》える。道を封鎖する検問所には、少数の兵を交替で置けばよいのだ。つまり「戦術上のポイントになる場所を確保する」と「築城」は、ほとんど同義なのである。

こうした城は、敵が押し出してきたことを味方に知らせるなり、敵の前衛部隊や別働隊を二、三日釘付けにするなりできれば、任務完了だ。味方の主力が態勢を整えるまでの時間を、稼ぎ出すことができるからだ。

●生存率を高めるには

こんな城は、城域をコンパクトにまとめた方が守りやすい。もちろん、山の上で守備範囲をコンパクトにまとめると、城内に水源を確保できなくなる公算が大きい。水源は、谷筋でなければ得られないのが普通だからだ。

しかし、水の手を確保するためにうかつに城域を広げたりしたら、少ない守備兵力で手の届かないところが出てきてしまう。つまり、敵襲を受けた時に守りきれなくて、侵入を許してしまうのだ。

生活用水の確保は、山城なら城を出て少し沢筋に下れば、たいがい水を得られる。当番兵が交替で水汲みにいけば、数日分くらいは甕《かめ》や樽《たる》への汲み置きでなんとかなる。要するに、水の手を確保するのと、コンパクトに守りを固めるのと、どちらが生存率を高められるか、という問題なのである。この問題の答えは、対応すべき任務ごとに違ってくる。

戦国時代初め頃の関東に、扇谷定正《おうぎがやつさだまさ》という武将がいた。太田道灌《どうかん》の主君だった人だ。定正は甥の朝良《ともよし》を養子に迎えたのだが、その朝良に、扇谷家の当主たる者の心得を説いた文書が伝わっている。その中で、「朝良は陣を取るときに水の便ばかり気にしているが、もっとよく地形を見定めなくてはいけない」と諭《さと》している。地

上杉謙信の本拠だった春日山城（新潟県上越市）の大井戸。
謙信もこの水を口にしたはずである（著者撮影）

形をよくみて、攻められにくく守りやすいような場所を選べ、水の便など二の次でよい、というわけである。

逆に、居城や作戦基地タイプの城であれば、敵が攻め込んできた時には家臣や兵を集めて籠城《ろうじょう》しなければならない。こんな場合は、水の手は生命線となる。

「人は水がないと生きていけない」などという原則論に囚《とら》われて、ケースバイケースで最適の判断ができないと生き残れないぞ、と扇谷定正は諭《さと》しているのだ。城を築いたり、守ったりする指揮官の判断力こそが、城の生命線なのである。

戦国時代は山城の時代だった？

●信長は城をどうしたか？

城の歴史について書いた本を読むと、戦国時代は山城が主流だったが、信長・秀吉による全国統一が進むにつれ山城は時代遅れになって、平城《ひらじろ》や平山城《ひらやまじろ》が主流になっていった、というような説明にお目にかかる。でも、この説明、基本的におかしいとは思いませんか？

だって、関東平野のような場所には山がないのだから、山城の築きようがないではないか。かといって、関東平野には戦国時代がこなかったわけでもない。「ウチの領地は平野ばかりで山城が築けないから、攻めてこないでくださいね」とお願いしても許してもらえないのが、戦国乱世だ。それをいうなら、織田信長が生まれた尾張だって濃尾《のうび》平野のただ中だから、山城は築けない。

この本の中で、僕は何度も「通説としていわれてきたことはおかしい」と指摘してきた。今回も「戦国時代は山城が主流だった云々《うんぬん》」という通説はおかしい、という話を書く。このように通説を批判していると、「なるほど、何ごとも疑ってかかることが大切なのですね」などと、したり顔で宣《のたま》う御仁《ごじん》が現れる。

でも、何ごとも疑ってかかるのはただの猜疑心《さいぎしん》であって、そんな心構えで生きていてもダークサイドに堕ちるだけだ。そうではなく、僕が大切にしたいのは「健全な常識」である。健全な常識に照らして合理的に物事を考えられるか、どうかだ。「戦国時代は山城が主流だった云々」などという通説は、健全な合理性に照らして考えれば、すぐにおかしいと気づける話ではないか。

では、戦国時代から近世にかけて、城はどう変遷《へんせん》したのか。

●物流センターを造るなら

少人数で敵の攻撃を防ぐには、確かに山城は有利だから、戦国時代にはたくさんの山城が築かれた。とはいえ、戦争は丘陵《きゅうりょう》地《ち》や平野でも起きる。ではどうするか、といえば答えは簡単で、丘陵地には丘城《おかじろ》を、平地には平城を築いて戦っていただけの話だ。要するに、戦国時代には山城がたくさん築かれたが、丘城や平城も同じようにたくさん築かれていたのである。

山城では〝高さ〟そのものが防禦力《ぼうぎょ》となる。上から敵を見下ろして戦った方が何かと有利だし、攻める側は登るだけで大変だからだ。平地では高さを防禦力に使うことはできないが、湿地に囲まれた平城は案外に難攻不落である。接近経路が限られるし、城の周囲に攻撃部隊を展開できないからだ。丘城も、川や谷、崖などの地形を上手に利用すれば、ヘタな山城に負けない防禦力が稼げる。

ただし、作戦基地や戦略拠点として使うなら、丘城や平城の方が圧倒的に有利だ。物流センターの立地と同じ原理で、街道や川に近い平地や丘陵地の方が、兵粮などの物資や兵の集散に適しているからである。

こうして、戦国時代には、最前線の防御陣地から国境警備、中継拠点、作戦基地、大名の居城など、さまざまな用途の城が必要に応じて築かれていた。ところが、全国統一が進むと大名どうしの戦争はおしまいだから、大名たちは中央政権の命令に従って自分の軍団を動かす立場になる。となると、小さな城は整理統合して、守備兵を引きあげなくてはならない。

戦略拠点となる城に兵たちを集めておかないと、中央政権から指令があったとき、すぐに出動できないからだ。

こうして、山城も丘城も平城も、小さな城は整理されて作戦基地や戦略拠点タイ

今川氏が有事に備えて築いた賤機山城（静岡市）。手前に見えているのは発掘調査の進む近世の駿府城（著者撮影）

プの大きな城だけが残った。その結果として、近世には平城や平山城が主流になったようにみえるわけだ。

なお、一般には、丘陵地に築かれた城を総称して平山城と呼ぶことが多い。でも、戦国時代の丘城は丘陵や台地の上面から中腹にかけて築かれているのに対し、近世の平山城とは丘陵の上面から麓《ふもと》の平地までを取り込む築き方をしている。僕は、近世の平山城は、戦略拠点として使うために麓の平地まで取り込むところに意味がある、と考えているので、あえて丘城と平山城を区別して使っている。

城主不在の城が珍しくなかった理由とは？――

各地の城を紹介する本やウェブページなどをみていると、たいがい最初のところに主要項目が立ててある。所在地、種別（山城・平城など）、城主、築城年代、廃城年代といった具合だ。

近世の城ならこれでよいが、戦国時代の城の場合はちょっと問題がある。なぜなら、戦国時代には城主のいない城がいくらでもあったからだ。

城主がいないといっても、たまたまどこかへ出張中とか、家督の交替がうまくゆかずに間が空いているとか、当主が幼弱で実権を握っていない、といった事情ではない。

戦国時代の場合、そうではなく、最初から城主が存在していない。というか、城主を必要としない城がたくさんあったのだ。どういうことなのであろうか。

京都における徳川将軍家の宿泊所として築かれた二条城。大政奉還の舞台となった城でもある（著者撮影）

●大坂城主は誰か

幕末の話になるが、最後の将軍である徳川慶喜《よしのぶ》は、京都で将軍職に就き、鳥羽伏見《とばふしみ》の戦いののち、大坂城から海路脱出して江戸に向かった。そののち寛永寺《かんえいじ》に入って謹慎し、新政府軍を迎えた。つまり、将軍として江戸城に入ったことはないのであるが、それでも最後の江戸城主は慶喜だ。したがって、これは「たまたま出張中」のパターンといえる。

次に、江戸時代の大坂城を考えてみよう。豊臣秀吉が築いたこの天下の名城は、慶長二〇（元和元・一六一五）年の大坂夏の陣で落城したのち、徳川幕府によって全面的に造り替えられた。廃墟となった城の上に分厚い盛り土を施して、石垣を全面的に築き直し、天守をはじめとした建物もすべて一新された。

この大坂城は幕府直轄《ちょっかつ》の城だから、ふだんは大坂城代が管理している。では、城主は誰かというと、名目上は徳川将軍である。ただし、実際に将軍が大坂城に入ることは幕末までなかった。

京都の二条城も同様だ。二条城は、徳川将軍家が上洛したときの宿泊用に築かれた城だ。おそらく、本能寺の変を目の当たりにした徳川家康が、京に防備の整った専用宿泊所をキープしておく必要を感じて、築いたのだろう。ただし、三代目の家光以降は将軍の上洛そのものがおこなわれなかったので、やはり長い間、城代が管理していた。大坂城同様、二条城も幕末になって再び将軍が使うようになり、慶喜による大政奉還《たいせいほうかん》宣言もこの城で出されたりした。

大坂城や二条城は、あくまで徳川家の持ち物なのである。だから、大坂城代には老中・若年寄の候補になるクラスの譜代大名が充《あ》てられている。徳川家の持ち城を、徳川家の重臣が預かって管理しているわけだ。

それに、大坂町奉行や京都所司代《しょしだい》といった行政職は城代とは別に存在しているから、城代の職務は、あくまで主家から預かっている城を管理することだ。周辺地域に対する支配権や、政治的な仕事は伴わない城代なのである。

●城主・城代・城将

ここまでの話でわかるように、戦略上の必要から築かれた城は、最初から城代が管理する場合がある。城代とは、主君である城主から城を預かって管理する立場の家臣ということになる。

遡《さかのぼ》って戦国時代の場合だと、作戦上の都合で前線に築かれる城には、後方から派遣された部隊が守備につく。とはいえ、最前線での任務は何かと苦労も多いので、定期的に守備隊を交替させたりする。後方地域の家臣たちをいくつかのグループに編成して、輪番《りんばん》で守備に当たらせたりもする。当然、守備隊長も交替で任務に就くことになる。こういう場合の守備隊長は城将または城番と呼ぶべきであって、城主とは立場が違う。

話を整理しよう。城主とはその城のオーナーであり、城の周囲に自分の所領を持っている。というより、自分の領地の中に自分の城を築いて持っている人、といった方がよい。

その城が気に入らなければ、別に新しい城を築いて引っ越そうが、城の守備は家臣（城代）に任せて、自分は城外の屋敷で遊び暮らそうが当人の自由だ。もちろん、遊び暮らして誰かに城を乗っ取られても、自己責任でしかない。

また、城の守備に当たる将兵は、自分の家臣である。守備力を増強するために足軽を雇ったり、友好関係にある勢力から応援部隊を送ってもらう場合もあるが、自分の城にどれだけの兵力や装備を配置するかは、自己責任で決めることだ。

これに対し、城将や城代は、主君から城を預かるなり、守備を任されたりしているわけだから、その城の持ち主ではない。居心地がよくないからといって城外の屋敷で遊んでいれば、職務怠慢《たいまん》で処罰されるか、下手をすれば切腹ものだ。勝手に新しい城を築いて移ったりすれば、謀叛と見なされて討伐されるだろう。また、城兵には自前の手勢も含まれてはいるが、手勢だけで足りない場合は、主君から預かった兵を指揮することになる。同僚の武将たちと共同で任務に就くこともある。

●城主探し

納得していただけただろうか。戦国時代には城主のいない城など、いくらでもあったのだ。ところが、江戸時代になると、幕府が「一国一城令」という法度《はっと》を定めるようになる。大名本人の居城だけを残して、領内の支城は原則廃止せよ、というお達しだ。要するに、もう戦争は終わりで徳川一強体制が確定したから、戦時体制を解除して軍備を縮小しなさい、という政策だ。

そして、一国一城体制が長く続いた結果、人々の間に「城＝お殿様の居場所・政庁」というイメージが定着していった。あなたが、この項の最初で「え？　城主のいない城って、どういうこと？」と怪訝《けげん》に思ったとすれば、あなたも「城＝お殿様の居場所」のイメージに囚われていたのである。

このイメージに囚われている人は、戦国時代の城に城主がいないのは当たり前、などとは思ってもみない。そこで、城主は誰だったのだろうと詮索を始めて、それらしい武将をみつけてきて、城主に当てはめてしまう。

現在、各地に残っている戦国時代の城跡を歩くと、その城の歴史や特徴を紹介した看板が立っていて、城主は誰それだ、と書いてある。でも、残念なことに、江戸時代以降に積み重ねられた詮索によって、当てはめられた〝架空城主〟であることが多い。

もっとも効率的な城の攻め方とは？――

●城攻めの選択肢

城を攻めるには、いくつかの方法がある。代表的な戦法の一つが力攻め、要するに強襲だ。敵の城に向かって弓・鉄炮《てっぽう》を射かけながら前進してゆき、一気に突入をはかる。この方法は、成功すれば勝負は早いが、味方からも多くの死傷者が出る。ハイリスク・ハイリターンな選択肢というわけだ。

これに対し、敵の城を囲んで補給路を断ち、相手が戦意や戦闘力を失うのを待つのが兵粮攻めだ。時間と手間はかかるが、味方の人的損失は少なくて済む――といいたいところだが、こうした解釈は平和ボケした歴史家の脳内お花畑的な妄想、と評さざるをえない。

なぜなら、敵の城を囲んでしめ上げるためには、籠城側の数倍の兵力が必要になるのが普通だからだ。数倍の兵力を擁《よう》するということは、兵粮も数倍を要するということだ。つまり、攻める側の補給が大変になるのである。

それに、城攻めという局面は、ある日突然、湧いて出るわけではない。そもそも兵力の差がはっきりしていて、野戦でまともに戦っても勝ち目のない側が、籠城を選択するのである。しかも、長期間の籠城戦が起きるのは、武将の居城や、戦略的に重要な拠点クラスであることが多い。これまでに出てきた、小田原城や長篠城のケースが典型だ。

となれば、城側はあらかじめ城内に兵粮を備蓄しているのが普通だ。一方の攻撃側は、敵の領内深く侵攻するわけだから、自分たちの領内から兵粮を運んで、前線に配送しなければならない。それに、城側は敵の攻撃が迫っているとみて、領内から兵粮をかき集めているかもしれない。こんな状況下で、うかつに大軍で敵の城を囲んだりしたら、どっちが兵粮攻めにあっているのか、わからなくなってしまう。

もっと重大な問題がある。敵の城を囲んでいるということは、攻撃部隊が釘付けになって動けないということだ。つまり、作戦上の自由がきかない状態なわけで、下手をしたら作戦上の主導権を自ら手放しかねない。これは、リスクだ。

逆に考えるなら、敵を釘付けにすることで作戦上の自由を奪うところにこそ、城の存在価値があることになる。

●戦国のリスクマネジメント

兵粮攻めは、意外にリスキーな戦法である。では、もっとも効率のよい城攻めの方法は何かといえば、強襲（力攻め）だ。というより、城攻めの基本は、最初から強襲なのである。もちろん、攻撃側の犠牲も多いというリスクは抱えているが、補給が行き詰まったり、イニシアティブを失って作戦そのものが破綻《はたん》するリスクに比べたら、多少の人的損失は許容範囲と考えるのが戦争というものだ。

しかも、強襲の基本は一日勝負だ。どんな堅城でも、いったん突撃が始まったら、その日のうちに本丸までたどり着いて、落としてしまうのが基本。ずいぶん乱暴なやり方だと思うかもしれないが、よーく考えてみてほしい。

仮に大手口から突入を開始して、まず三ノ丸を制圧し、二ノ丸の半分まで攻め取ったあたりで、日が暮れたとしよう。本日は、これにて日没サスペンデッド、明朝は辰《たつ》の刻（八時頃）から二ノ丸攻防戦を再開します、と奉行が宣言して両軍の間にラインを引き……なんてことが、あるはずがない。

かといって、攻め取った二ノ丸の半分と三ノ丸で夜営、というわけにもいかない。城側に夜討ちをかけられたら、ひとたまりもないからだ。勝手のわからない城内で右往左往して、下手をしたら全滅だ。

したがって、もし総攻撃の途中で日が暮れてしまったら、せっかく制圧した範囲を放棄して、敵の夜討ちを防げる場所まで後退したうえで、陣を張るしかない。なので、総攻撃がいったん頓挫《とんざ》したら、なし崩し的に長期戦となってしまう公算が大きいのだ。

逆にいうなら、城側は本丸だけになっても、日暮れまでなんとか持ちこたえられれば、勝ち目が出てくることになる。戦いが膠着《こうちゃく》すれば、囲んでいる側の兵粮が先に尽きて、撤退してくれるかもしれない。隣国と同盟を結んでいれば、援軍を出してくれる可能性も高い。同盟を結んでいるのに援軍を出さなかったら、自分も同じことを返されてリスク要因になるので、こういう場合は何かしら援軍を出して、仁義を切っておくのが普通だ。

このように、兵粮攻めと強襲のメリット・デメリットは、単純に比べられるものではない。戦略全体でのリスクマネジメントを瞬時に、かつ適確に判断できる者だけが、武将として生き残れるのである。

落とせなかった？　落とさなかった？――

人の仕事ぶりを評価するのは難しいものである。たとえば、「仕事が早い」というのは高評価の材料だが、テキパキと要領がよくて早いのと、手を抜いて雑だから早いのとでは、人材としての有用性はまったく違う。仕事の早さを正しく評価するためには、早さの中身・理由をちゃんと踏まえなくてはならない。

城も、同じ。敵の大軍に囲まれながらも長期間持ちこたえた城を、人は難攻不落と評価する。しかし、囲んだ側がなぜ落とせなかったのかを考えてゆくと、単純に難攻不落とは評価できない場合も出てくる。

●長篠城と武田勝頼

長篠合戦の舞台ともなった長篠城は、みるからに要害堅固だ。城は豊川《とよかわ》と宇連《うれ》川の合流点に築かれているのだが、どちらの川も台地を深く削って流れているので、三方を断崖絶壁《だんがいぜっぺき》に囲まれた形になっている。

天正三（一五七五）年五月、三河に侵攻した武田勝頼は、一万数千の大軍でこの城を囲んで攻め立てた。城を守るのは奥平信昌《おくだいらのぶまさ》以下わずか五〇〇の兵だったが、武田軍の攻撃を二〇日間ほど耐え忍んだ。その結果として、来援の織田・徳川連合軍と武田軍との間で決戦が起きる。すなわち、長篠合戦である。

こんなふうに説明すると、長篠城の敢闘が織田・徳川連合軍の歴史的勝利をもたらしたように思える。そのつもりで断崖絶壁に囲まれた城をみれば、なるほど、難攻不落とはこういうものか、と思えてしまう。でも、ちょっと待ってほしい。

三章「長篠合戦の勝敗を分けた真の要因とは？」の項で説明したように、このときの武田勝頼は徳川軍と一気に雌雄を決するつもりで攻め込んでいるのだ。信長は本腰を入れて支援に出てこないだろうと踏んだうえで、徳川軍の主力を引っ張り出すために長篠城を攻めているのである。なのに、全集中で城を落としてしまったら、せっかく計画した決戦が不発になってしまう。

あらためて長篠城を見直すと、確かに南側は川の合流点で近づけないが、反対の北側は平らな台地が続いているだけだ。こちらからガチで攻められたら、後ろは断崖絶壁だから、城兵は逃げ道がなくなって全滅しかねない。つまり勝頼は、落とそうと思えば落とせる城を、適当に痛めつけて生殺しにしながら、家康が出てくるのを待っていたのである。

●長谷堂城と直江兼続

同じような例として、出羽《でわ》の長谷堂《はせどう》城がある。慶長五（一六〇〇）年、徳川家康率いる東軍と、石田三成の西軍が関ヶ原で相まみえている頃、出羽の地でも上杉景勝・伊達政宗・最上義光《もがみよしあき》の三大名が、興亡を賭けた戦いを繰り広げていた。

まず、直江兼続《なおえかねつぐ》の率いる上杉軍が出羽の最上領に侵攻し、前衛の城を落として山形盆地になだれ込んだ。そして、山形盆地の南端にある長谷堂城を囲み、伊達軍も最上支援に出動した。しかし、上杉軍が長谷堂城を囲んでいる間に、関ヶ原合戦が決着してしまった。この結果、家康に敵対的な行動を取った上杉景勝は、会津一二〇万石から米沢三〇万石へと、大幅減封となってしまう。

長谷堂合戦と呼ばれるこの戦いも、城が持ちこたえて最上義光のピンチを救ったようにみえる。しかし、実際に長谷堂城を歩いてみると、なんとも凡庸《ぼんよう》な城で、とても難攻不落とは思えない。

城をダシにして最上軍主力を引きずり出し、決戦に持ち込むのが上杉軍の作戦だ

長谷堂城（山形市）。多数の兵を収容できるキャパはあるが、平凡な城でさほど難攻不落とはみえない（著者撮影）

った、と考えた方がよいだろう。ところが、実際は上杉軍・最上軍・伊達軍が互いに牽制し合って、三すくみ状態になったため戦いが膠《こう》着《ちゃく》状態に陥り、その間に関ヶ原合戦で天下の趨勢《すうせい》が決着してしまったのである。

もともと軍事基地である城は、戦略や作戦の中に位置づけてこそ、価値を持つ。ゆえに、作戦上の駆け引きや牽制の材料にもなる。落ちなかった城は、はたして落とせなかったのか、落とさなかったのか。どちらが真相なのかは、作戦全体を分析してみなければ、判断がつかないのだ。

難攻不落が裏目に出た城とは？

城とは敵の攻撃を防ぐための施設だから、難攻不落であることが望ましい。とはいえ、夏でも雪渓《せっけい》が消えないような高い山に城を築いたりしたら、誰も攻め登ってこない代わりに、城に籠もっている方も参ってしまう。

だから、敵には攻めにくく、味方には守りやすいのが、城の理想だ。「要害」という言葉も、味方には要、敵には害になるという意味だ。ここで取りあげる遠江《とおとうみ》の高天神城《たかてんじん》は、要害堅固な地形、という条件をうまく生かした山城の代表例として、戦国史ファンや城郭ファンにその名を知られているのではあるが……。

●要害堅固の条件

高天神城は、掛川駅から県道掛川・大東線を南に八キロメートルほど下った場所にあって、城跡からは遠州灘が眺められる。近年の発掘調査によれば、この場所に

高天神城。鶴翁山の地形に守られた堅城であったことが、皮肉にも惨劇をもたらした

城が築かれたのは、戦国時代のごく初期の頃らしい。ただし、高天神城が歴史に名を馳せるのは、戦国乱世もたけなわになってのこと。

武田信玄の駿河侵攻によって今川氏が滅んだのち、今川氏の旧領だった遠江は、武田勝頼と徳川家康の草刈り場となった。そんな状況下で、徳川方の最前線を担うことになったのが高天神城である。

天正二（一五七四）年六月、遠江に進出した武田勝頼は、この城に猛攻を加えて陥落させてしまう。攻守所を変えて、高天神城は武田軍の前線基地となった。

高天神城は標高約一三二メートル、

麓からの標高差は一〇〇メートルほど。標高差一〇〇メートルというのは、ふだんから歩き慣れている人なら、さして苦労せずに一息で登れる高さだ。戦国時代の山城としては低い方に属するといってよいが、山腹《さんぷく》は崖のように切り立っていて、背後の山々とは細い一本の尾根でつながるのみ。しかも、かつては三方を湿地や水田に囲まれていたから、接近経路は非常に限られる。つまり、どうにも取りつきようのない山城だったわけである。

このような立地であるゆえに、高天神城は徳川軍にとっても武田軍にとっても重要な城となった。両軍がせめぎ合う地域に難攻不落な城を作戦基地としてキープしておけば、たとえ前線が崩れても城で持ちこたえて、地域全体を一気に失わずに済むからだ。まさに味方には要、敵には害になる要害堅固な城だったわけだ。

●孤立した城

翌天正三年の五月、織田・徳川連合軍が長篠で武田軍を大敗させると、家康は抜かりなく巻き返しに出る。遠江にある武田方の城を一つずつ潰しながら、武田領を侵食しにかかったのだ。

ただし、長篠で敗れたとはいえ、武田軍はいまだ充分な実力を持っていて、この時点の家康には、武田軍主力と正面切って戦えるだけの力がなかった。そこで、徳川軍の作戦は、武田軍の隙をついて遠江に進出し、勝頼が主力を率いて出てきたら直ちに撤退する、という泥棒ネコのようなものとなった。

そんな家康にとって、高天神城は目の上のタンコブのような存在である。この城に武田軍が居座る限り、海側のルートから東へ進出することはできないからだ。とはいえ、精強な武田軍守備隊が籠もる要害堅固な城は、容易には落とせない。うかつに徳川軍主力を投入して、城を攻めあぐねている間に武田軍主力が出動してきたら、一気に叩かれてしまう。それでは、長篠の逆パターンだ。

家康は、なけなしの兵力で少しずつ、少しずつ高天神城を圧迫してゆくことにした。まず、徳川軍の前線基地である懸川《かけがわ》（掛川）城から、小部隊を繰り出して高天神城を見張れる山に砦《とりで》を築く。そこから前進しては砦を築き、城兵の逆襲を警戒しながら、また前進しては砦を築き、という作業を繰り返して、少しずつ城に迫っていったのだ。

この地道な作業と、例の泥棒ネコ作戦をしつこく続けているうちに、遠江戦線の状況は少しずつ徳川方に傾いていった。勝頼が北関東や駿河で北条方と戦ったり、上杉謙信が死んだ後の家督争いに介入して越後に出兵したりして、遠江戦線になかなか本腰を入れられなかったからだ。

天正八（一五八〇）年には、遠江の大半は徳川方が押さえるようになり、高天神城は敵中に孤立しつつあった。武田軍は、駿河湾の海上ルートと間道を伝って、辛《かろ》うじて城に兵粮を補給していたが、それも風前の灯火《ともしび》である。徳川方は、さらに砦を前進させて包囲網を縮めたが、それでも総攻撃には踏み切れなかった。

数年間に及ぶ籠城戦の間、城兵たちがせっせと城を強化していたからだ。もともと要害堅固な地に築かれた城に、武田軍の築城ノウハウが徹底的に注ぎ込まれたのである。難攻不落の様相を呈する高天神城に総攻撃を敢行して、もし失敗すれば徳川軍は総崩れとなり、家康と配下の将兵が、五年間を費やしてきた攻囲網が水の泡となってしまう。いや、下手をしたら、徳川軍の遠江戦線そのものが決壊しかねないのだ。

●最後の突撃

事態は両軍の予想を超えて、悲劇的な方向へと展開する。

明けて天正九（一五八一）年、高天神城の守備隊はついに降伏を申し出た。兵粮の補給はとだえ、味方の援軍がくる望みも失われたからである。ところが、家康はこの申し出を突っぱねた。信長から、城兵が申し出ても降伏を許すな、と命じられていたのである。

三月二二日、兵粮が尽き、味方から見放され、降伏さえも拒絶された高天神城守備隊は、城を出撃して徳川軍包囲陣に突入し、全滅した。

もともと地形的なポテンシャルが高いこの城は、要害堅固・難攻不落というニーズによくこたえて、劣勢の武田軍戦線を維持する要となった。しかし、難攻不落ゆえに敵も攻略することができず、結果的に敵中に孤立して、悲劇的な全滅を招いたのである。

高天神城が落ちた時勝頼は、北関東の戦いに忙殺されていて援軍を出せなかった、と自己弁護をしたが、遠江・駿河の武田方武将たちは、かえって勝頼に強い不信感を抱くことになった。翌天正一〇年早々、織田・徳川連合軍が武田領に侵攻を始めると、駿河でも信濃でも、武田方の防衛ラインはたちまち崩壊し、勝頼は滅亡へと追い込まれることになる。

すべての武力は、諸刃《もろは》の剣《つるぎ》である。人を殺傷する力である以上、はね返れば自らを傷つけるからで、強い力であればあるほどリスクも大きい。難攻不落の堅城とて例外ではないのだ。

徳川家康が入った頃の江戸は漁村だった？――

世界有数の大都市、東京。この街の原点となったのは、いうまでもなく徳川将軍家の居城たる江戸城だ。しかし、天正一八（一五九〇）年に徳川家康が入った時、江戸はまだ葦《あし》の生《お》いしげる寂しい漁村で、城の建物も雨漏りがするような粗末なものだった――そんな話が、まことしやかに伝えられている。

でも、この話は事実として認めがたい。健全な合理性に照らして考えた時、粗末なボロ城があるだけの寒村に家康が入る、などということはありえないのだ。

●進駐軍司令官としての家康

もともと、三河を本拠地としていた家康が関東に入ったのは、豊臣秀吉に従って北条氏を討滅する戦争に参加したからである。家康の移封が、ごく真っ当な論功行《ろんこうこう》賞《しょう》であった事情は一章「大名の遠隔地転封は左遷人事か？」の項で述べたとおりだ。

江戸城本丸の石垣。北条氏時代には土造りだったこの城を、
徳川家康は石垣造りの城へとアップデートした（著者撮影）

そしてこの場合、家康の関東入部は、旧北条領の占領統治を命じられたことを意味していた。したがって、のんびりとお引っ越しなどしてはいられない。配下の軍団を率いて、速やかに進駐しなければならないのである。そんな状況で、わざわざうら寂《さび》れた漁村なんかに進駐するものか。大勢の人が暮らすためのインフラが整った場所でなければ、大軍を駐留させることはできないからだ。

それに、秀吉は武力による天下統一を目ざしているのだ。つまり家康と徳川軍団は、豊臣軍事政権による日本征服事業の一環として、江戸に配属されるのである。当然、北関東や東北で今後起きるかもしれない有事への対応を求められる。家康の居城とその城下は、豊臣軍の戦略拠点として機能しなければならないわけだ。

だとしたら、街道が通っていて交通の便がよく、物資を捌《さば》くことのできる港湾施設のある場所、というのが必須条件となる。進駐場所としては、旧北条領内でも屈指の大都市を選ぶのが当然なのである。

●家康以前の江戸

歴史的事実に即して考えるなら、江戸は北条氏にとって最重要の戦略拠点であった。北条氏の出した文書に、どんな城が出てくるかざっと調べたことがあるが、江戸城は本城の小田原城に次いで、圧倒的に登場頻度が高い。北条領国内では、副首都のような位置づけにあったとみてよい。戦国時代の江戸は、間違いなく東日本屈指の経済都市だったといって差しつかえない。

とはいえ、秀吉時代の京や大坂には比べるべくもない。秀吉や家康の家臣たちからしたら、田舎町に感じられても仕方がない。現代にたとえるなら、県庁所在地クラスの地方都市を「いやいや田舎ですよ」というようなものだ。

それに、将軍家のお膝元《ひざもと》となってのちの繁栄に比べたら、当時の江戸はまだまだ発展途上だ。のちに大名屋敷が立ち並ぶことになる山手のあたりには、畑や雑木林が広がっていたし、町場となるベイエリアも湿地帯であった。

東京でも、練馬や杉並あたりの古い人たちが「わしが子供の頃は、このあたりは畑や雑木林《ぞうきばやし》ばかりでねえ」というのと同じ感覚だ。家康に従って江戸に入ってきた者たちが、そんな感じで書き残した言葉を、現代のわれわれが読んで「家康が入る前の江戸は漁村だったのか」と思っているわけである。

城にしても、負け戦の後で占領したわけだから、建物の手入れも悪いだろうし、略奪にだって曝《さら》されている。

実際の江戸城は、北条氏の最重要戦略拠点だったわけだから、関東では屈指の大きくて立派な城だったはずである。戦国時代の土造りの城に関する限り、北条氏は武田氏と並んで全国屈指の名手だったからだ。

要するに、家康が入った頃の江戸は寒村で、城もボロだったというのは、幕府の創業者を持ち上げるために盛った話が、都市伝説となったものなのである。

天守を建てた本当の理由とは？――

●天守は城のシンボルか

「城」といえば、ほとんどの日本人は天守を思い浮かべる。戦国時代の城は土造りが基本で、城に天守が建つようになったのは、織田信長や豊臣秀吉の頃から――などということを知っているのは、一億二千数百万人の日本人のうち、最後にゴマかして書いた数百万人くらいなものだ。

確かに、城の中心にひときわ高くそびえる天守は城の象徴であり、多くの人を引きつける。では、そもそも天守とはなんなのだろう。いい換えるなら、なんのために城に天守を建てるようになったのだろう。

天守は城主の権威を象徴するシンボルタワーだ、という説明をしばしばみかける。でも、もともと実用品として建てられたものが、結果的にシンボリックな意味合いを持つのと、最初からシンボルタワーとして建てるというのでは、話が別のはずだ。

たとえば、国会議事堂や都庁、国立競技場のような建造物は、実用的な建物ではあるが、どうせ造るならカッコイイものに、という意識が強く働く。なので、結果として印象的なデザインに設計されて、シンボリックなランドマークとなる。天守の場合、「城主の権威を象徴するシンボル」という説明は、どちらが本質なのか区別がつかない、という意味で問題である。

●天守の出現

天守が出現したのは、戦国時代も半ばを過ぎる頃――ちょうど信長が力を蓄え、足利義昭を奉じて上洛した頃のこと。どうも、畿内やその周辺地域で、城の中心部に高い建物を建てて「てんしゅ」と呼ぶトレンドがあったらしい。このトレンドを、信長や配下の武将たちが取り入れたことで、天守を備えた城が普及していった。

もともと日本の城は、中心部へいけばいくほど、守りが固くなるように築くものだった。本章の「もっとも効率的な城の攻め方とは?」の項で書いた強襲の話を前提にすれば理解できると思うが、敵に攻め込まれた場合でも、少しでも長い時間持ちこたえて落城を遅らせるための設計だ。

そんな城のいちばん中心に、一段と高く石垣を積んで建っているのが天守なのである。だとしたら、天守とは本来、城が落ちないようにするための工夫だったと考えるのが妥当だろう。

天守の屋根はほとんどの場合、瓦葺《かわらぶ》きとなっているが、日本建築は板や木の皮、萱《かや》などで屋根を葺くのが基本で、瓦は大きな寺くらいにしか葺かれていなかった。戦国時代までは、瓦は特殊な高級建材だったのだ。しかも、現存する天守の実物をよくみると、壁は分厚く頑丈な土壁となっている。要するに、当時の建築技術で可能な限り、耐火性と耐弾性を追求した構造となっているのである。

また、姫路城や彦根城のように古い時期の天守ほど、戦闘用の設備が充実している。狭間《さま》という鉄炮を撃つための銃眼や、下に向けて銃を撃つための石落とし、籠城用の台所や厠《かわや》といった装備だ。一方、平和な時代になってから建てられた天守では、戦闘用設備の実装が省略される傾向が顕著だ。

天守がもともと実用的な建物だったことは、明らかだろう。城の中心に聳《そび》える最大最強の戦闘用建物が、天守だったのである。いうなれば、城のラスボスだ。とはいえ、天守はイヤでも目立つから、どうせならカッコよく造りたい。それに、武士とは命のやり取りをする稼業だから、戦闘用コスチュームのカッコよさにはこだわ

犬山城の天守。一見、瀟洒な印象を与えるが、
実際は戦闘設備が満載の建物である（著者撮影）

りがある。

そんな武士たちが、最後に命を預ける場所が天守なのである。だったら、肩で風を切って建つような、唯一《ゆいいつ》無二《むに》のデザインにしたいのは当然である。ゲームのラスボスが凝ったデザインなのと、同じ原理といってよい。

こうしてできた天守を、われわれが「権威の象徴」と思い込んでしまうのは、城を観光の対象として眺めているからにすぎない。城が戦場だった時代、血と硝煙《しょうえん》の中を駆け回った者たちの「現場感覚」に思いを馳せた時、天守も本来の顔をみせてくれるのだ。

お城ブームが戦国の城をわかりにくくする？——

世はお城ブームとのことで、書店の棚をみても城の本が百花繚乱《ひゃっかりょうらん》。テレビでも、お城大好きを公言する芸能人が登場して、熱くお城愛を語ったりしている。しかも近年は、天守のある近世の城ばかりでなく、土造りで一見地味な戦国時代の城も、本やテレビ番組で取りあげられる機会が増えてきた。

長年、城（とくに戦国時代の城）の調査・研究にたずさわってきた身としては、嬉しさもある。

が、その半面で違和感というか、問題を感じるのも事実だ。

お城ブームの問題点はいろいろあるのだが、僕がもっとも危ぶんでいるのは、今のブームが城をわかりにくくしていることだ。城本来の姿や魅力が伝わりにくくなっている、といってもよい。

●もやもやの残る企画

ブームが城をわかりにくくしている最大の原因は、城の格付け、ランキングが蔓《まん》延《えん》していることに尽きる。いわく、最強の城、日本の名城一〇〇、県別ベストテンなどなどだ。

実は僕も、都道府県別のベストいくつやら全国一〇〇やらを選出する、雑誌やムックの企画にたずさわったことが、何度かある。そして、たずさわるたびにいつも、何か釈然としない、もやもやした思いが残るのだ。

なぜかというと、この手のベストもの企画には、まずもってバランスが求められる。全国版であれば、各都道府県から偏りなく選ばなくてはいけない。山城・平山城・平城や、近世の城・戦国の城といった案分も必要になる。研究者目線で「これはスゴイ」と思う城でも、一般の知名度が低いものは除外される。

逆に、研究者目線で特にすぐれていると思えなくても、人気の武将にゆかりのある城とか、歴史的に有名な城は外すわけにはいかない。今だから書くけれど、選定の際に、営業サイドから注文がつくことだってあるのだ。「歴史の本がよく売れる土地柄だから、この城は必ず入れること」と。

さらにいうと、戦国時代の山城の場合、一般の人が気軽に散策できるように整備されていない城がほとんどだ。か細い山道が、どうにか山頂までたどれるだけであったり、見どころとなるポイントが藪《やぶ》に覆われていたり、山城を歩き慣れていないと命にかかわるくらい危険な城だってある。

そんな城は、いくらすばらしい堀や土塁を残していても、一般人にお薦めするわけにはいかない。ただ、調査で歩いているとあらためて、城とは敵を防ぐための施設で、本気で侵入者を危険にさらそうとしているのだ、と感じるのだが。

●城のすべてはオーダーメイド

ベストものの企画にたずさわるたびに、釈然としない思いにとらわれてきた僕が、たどりついた結論は、こうだ。

そもそも、城はランキングになじまない。

なぜかというと、城の基本は個別の状況への対応であり、すべての城がオーダーメイドで設計されているからだ。全国の城を歩いていると、城のプランニングは一つ一つ全部異なっていて、個性的であることがわかる。どの城も、設計の前提条件が違っているからだ。

同じような地形に築城するにしても、前提としている守備兵力が一〇〇〇人なの

鮫ヶ尾城（新潟県妙高市）。近年のお城ブームで、このような戦国の山城を訪れる人も増えてきた（著者撮影）

と、五〇〇〇人なのとでは当然、最適の設計は違ってくる。また、同じ三〇〇〇人でも、鉄炮が三〇〇挺しかないのと（装備率一〇パーセント）、一〇〇〇挺あるのとでは（装備率三三パーセント）、やはり設計が違ってくる。

当然、五〇〇〇人・一〇〇〇挺で守る城と、一〇〇〇人・一〇〇挺で守る城を比べれば、前者の方が大きくて立派な城になる。でも、後者の城は粗末で価値が低いかというと、そうではないだろう。限られた兵力、乏しい飛び道具を最大限効率よく使って守るために、設計に徹底的にこだわれば、見応えのある城に仕上がる。与えられた条件に対する最適解を追求している、という意味では、むしろ後者の方が城としてすぐれている、と評価できるかもしれない。とくに、戦国時代の土造りの城は、バラエティに富んでいる。近世の城のほとんどは大名の居城であり戦略拠点だから、城のサイズや防禦力は、オーナーである大名の財力に比例する傾向がある。一方、戦国時代の城は前提となる任務が多様だから、設計もバラエティに富んだものになるのだ。

たとえば、少ない人数で前線を支えるための城と、作戦基地として兵や物資を収容するための城とでは、求められる機能・スペックがまるで違ってくる。それらを同じ土俵に乗せて、どっちがすぐれているか、立派かを比べるのは、ナンセンスでしかない。このナンセンスが堂々とまかり通るのが、ランキングもの・ベストもの企画なのである。

●切羽詰まったリアリティ

戦国時代の土の城の中には、拍子抜けするほど粗末なものもある。三〇人も籠もれば満員になってしまうような城域。飛び越えられそうな堀に、申し訳程度の土塁。ランキング企画には決して入ってこない、いや、よほどの城マニアにさえ見向きもされない代物である。

でも、そんな城を歩きながら、僕は思うのだ。五〇〇年前、この粗末な城に必死でしがみついていた誰かが、確かにいたのだ、と。その人だって、できることならもっと大きな、堅固な城を築きたかっただろう。籠もりたかっただろう。でも、それができないから、粗末な城にしがみついているのだ。だとしたら、彼らの切羽詰まった危機感こそが、戦国乱世のリアリティではないのか、と。

城のランキングに興じ、ベストなんとかを尊ぶような見方では、そんな戦国のリアリティを感じることができない。城の本当の魅力は、一つ一つが他と異なっていて、無限に個性的であり、それぞれの個性に命をかけた必然性が宿っていることではないのか。ランキングもの、ベストものを選ぶ企画は、城の本当の魅力を覆い隠してしまう。

日本の名城ベスト一〇〇、最強の城一〇〇のような企画は、城に興味を持った人たちを引きつける。もちろん、全国の名城をめぐって歩く楽しさを、僕は否定するわけではない。でも、歩いている人たちが、ベスト一〇〇をみれば日本の城はだいたいわかった、と思ってしまうのだとしたら、悲しいことだ。せっかく城に興味を持った人を、城の本当の魅力やリアリティから遠ざけてしまうからである。

何かもっと、よい方法はないものかと思案するのだけれど、なかなか妙案は浮かばない。今の僕にできるのは、城や歴史に興味を持った人たちに呼びかけて、少しずつ理解を広げてゆくくらい、だろうか。

より深く知りたい方のために

ここで、少々宣伝を。というのも、僕はこれまで歴史や城の本をいろいろと書いてきたのだが、自分なりの戦略に沿ってラインナップをそろえてきたつもりだからだ。

歴史への興味の持ち方、関心の深め方は人それぞれだ。一つのジャンル、似たようなテーマでも、ビギナーとコアなマニアとではニーズが違う。そうしたさまざまなニーズに、僕なりにこたえられるようにしたいのだ。

この本は、戦国史に興味はあって、大河ドラマなんかはみるけれど、あまり詳しい知識は持っていない、というような人のために書いてきた。そんなあなたが、この本を読んで、もう少し理解を深めたいと思った時に読む、次の一冊をご紹介しておきたいと思う。

まず、戦国武将たちの戦略や生き様について理解を深めたい方には、『**東国武将たちの戦国史**』（河出文庫二〇二一／原著二〇一五）をお薦めしたい。どちらかというとマイナーな東国の武将たちを取りあげているが、その分、無用な先入観に惑わされることなく、戦国のリアリティを感じられるはずである。

次に、戦国時代の戦いや軍事力については、『**戦国の軍隊**』（学研パブリッシング二〇一二

／角川ソフィア文庫二〇一七）を。さいわい、識者の皆さんからご評価を、多くの読者からもご好評を頂戴している。このジャンルの本は意外に少ないので、ご興味のある方はぜひ手に取ってみてほしい。

戦国史をエンターテインメントとして楽しみたい方には、『**北条太平記**』（漫画・みかめゆきよみ／桜雲社二〇一六）を。小田原北条氏五代一〇〇年の歴史を四コママンガでつづるという、他に類をみない変な本である。武将たちのキャラを楽しみながら、関東戦国史の基本がわかるので、実際に読んだ方からは「何度読んでも面白い」「中学生の息子がボロボロになるまで読み返している」などなど、好評をいただいている。書店で手に入りにくい場合は、ネット通販でどうぞ。

城に興味をお持ちの方には、『**1からわかる日本の城**』（ＪＢｐｒｅｓｓ／ワニブックス二〇二〇）を用意した。城を楽しむために必要なのは、知識よりちょっとしたコツ、というコンセプトで、城の基本的な見方や楽しみ方をわかりやすく説明してある。

城の中でも、戦国時代の城に興味を持ったという方に、ぜひ読んでほしいのが『**図解 戦国の城がいちばんよくわかる本**』（ＫＫベストセラーズ二〇一六）だ。城の仕組みや築き方や実際の戦い方などをわかりやすく説明した本で、全体の半分くらいはイラストやマンガにして、パラパラとページをめくっているだけでも、だいたいのことはのみ込めるようになっている。

『「城取り」の軍事学』（学研パブリッシング二〇一三／角川ソフィア文庫二〇一八）は、戦国時代の城について、もう少し突っ込んだ話を読みたい、という知的好奇心旺盛な方のための一冊だ。戦国時代の城が、どのような戦略や思想に基づいて築かれ、どのような技術が用いられているか、具体的に解明した内容。『戦国の軍隊』の姉妹編ともいえる本で、この二冊は角川ソフィア文庫版がコンパクトで読みやすいが、電子版は学研の方で扱っている。

最後に、近著として**『鎌倉草創——東国武士たちの革命戦争』**（ワン・パブリッシング二〇二二）がある。二〇二二年の大河ドラマ『鎌倉殿の13人』で中世軍事考証を務める僕が書いた、武家政権成立の物語。『東国武将たちの戦国史』の鎌倉時代版のような内容だが、武家社会や武家政権の基本が理解できると思うので、戦国時代に興味のある方にも、大いに参考になるはずだ。もちろん、大河ドラマの復習用にも、どうぞ。

あとがき

本を書くたびに、いつも思う。この本を手にとって読んでくれるのは、どんな人なのだろう、と。

歴史の本の読者は、だいたい二通りに分けられる。一方は歴史の専門家。学者とか、研究者と呼ばれる人たち。もう一方は、専門家ではない、歴史に関心のある一般の人たちだ。

この本は研究書の類いではないから、今読んでいるあなたは、きっと後者だろう。□○大学教授とか△×研究会会員ではなく、○☆株式会社の商品開発課とか、◇※市役所の市民課といった立場の人たちなのだと思う。

そんなあなたは、この本を読んで、何を得たのだろう?『戦国武将の現場感覚』というタイトルから、自分の仕事や生活に役立つ現場感覚を磨くうえで参考になるかも、と思って読んだ人は、がっかりしているかもしれない。戦国武将たちの現場感覚を応用しようものなら、サイコパスか犯罪者になってしまうからだ。

では、そもそも、専門家でない一般の人たちが、歴史の本を読む意味はどこにあるのだろう?

「あなたはなぜ、歴史の本を読むのですか?」と尋ねると、たいがいの人は「歴史が好きだから」「面白いから」と答えると思う。では、なぜ「好き」で、何が「面白い」のか。

知らないことを知るのが楽しい、というごく自然な好奇心・知識欲が、一つにはあるだろう。学校の授業か、大河ドラマか、ゲームか、何かのきっかけで歴史に出会って興味を持つと、知らないことをもっと知りたい、という知識欲が湧いてくる。それはそれで、よし。知的な人にとっては自然な流れに違いない。

ただ、好奇心や知識欲を満たすことが、歴史の本の役目なのだとしたら、一部の知的人間たちの欲望に奉仕するのが歴史学の存在価値、ということになってしまう。

それは、おかしい。なぜなら、歴史学とは人文科学の一分野であり、人文科学とは人間について考える学問体系であるからだ。

では、専門家以外の人が歴史の本を読むいちばん大切な、本当の意義はどこにあるのかというと、僕は「教養」に行き着くのだと思う。人は――とくに知的な人は――生きていくうえでどうしたって、人間とは、人生とは、社会とは、と考えずにはいられないからだ。

その手の、簡単には答えの出ない問題を考えてゆくうえで、よすがになるのが教養なのであり、歴史もその一環なのだと思う。

歴史は、後ろ向きの思考法だ。過去を通して人間の営みを考える方法論なのだから当たり前だが、ゆえに教養としての歴史も、後ろ向きの素養ということになる。

一方、技術や生活環境が日進月歩の現代社会では、われわれは常に前向きであることを求められている。後ろ向きの思考は、評価されないことが多い。

ただ、後ろ向きであるがゆえに、歴史的思考は時間軸に沿って物事を考える。長いスパンを俯瞰《ふかん》しながら、時間軸に沿って物事を考えるような思考法は、戦略的思考には欠かせない要素だ。あなたのような知的好奇心ゆたかな人が、歴史に親しむ意義は、本当はそのあたりにあるのではなかろうか。

——などというのは、著者の自己正当化のためのへ理屈にすぎない。本当は印税を稼ぐために、僕はこの本を書いている。だから、読者に「ああ、面白かった」と思ってもらえればよいのであって、あなたが、この本から何かを得ようが、得るまいが、あなたの勝手でしかない。

それが、歴史の本を書いている側の「現場感覚」、というお話である。

二〇二二年二月　著者記す

KAWADE
夢文庫

戦国武将の現場感覚

二〇二二年三月三〇日　初版発行

著者……西股総生
企画・編集……夢の設計社
東京都新宿区山吹町二六一〒162-0801
☎〇三―三二六七―七八五一（編集）
発行者……小野寺優
発行所……河出書房新社
東京都渋谷区千駄ヶ谷二―三二―二〒151-0051
☎〇三―三四〇四―一二〇一（営業）
https://www.kawade.co.jp/
装幀……こやまたかこ
印刷・製本……中央精版印刷株式会社
DTP……株式会社翔美アート
Printed in Japan ISBN978-4-309-48582-9